Mit Stimme zum Erfolg

Anklang finden, überzeugen und begeistern!

Nicola Tiggeler

W0197834

C.H.BECK

So nutzen Sie dieses Buch

Die folgenden Elemente erleichtern Ihnen die Orientierung im Buch:

Beispiele und Übungen

In diesem Buch finden Sie zahlreiche Beispiele sowie Übungen, die Ihnen helfen, Ihre Stimme zu trainieren.

Die Merkkästen enthalten hilfreiche Tipps.

Auf den Punkt gebracht

Am Ende jedes Kapitels finden Sie eine kurze Zusammenfassung.

Ich danke meinem Zeichner Dr. Reinhold Rapp und meiner Lektorin Ursula Thum

Inhalt

Vorwort

Zur Einstimmung

Es gibt Stimmen, die lassen uns eintauchen. Ganz egal, in was.

Menschen, die solche Stimmen haben, bekommen Aufmerksamkeit. Nur, weil sie so klingen, wie sie klingen. Für mich persönlich hatte Otto Sander eine dieser Stimmen. Was auch immer er mit dieser Stimme vortrug, ich war bei ihm. Bei seinem Sohn Ben Becker geht es mir ähnlich. Ich habe eine CD, auf der er Bibeltexte vorliest. Keine modernisierte Variante, keine Geschichten drum herum, sondern einfach nur die puren Bibeltexte – und ich bin völlig fasziniert.

Im Auto begleitet mich eine CD von Christoph Maria Herbst, einem weiteren großartigen Sprecher. Keine Hörfassung eines spannenden Romans, nein, sondern: Christoph Maria Herbst liest Texte aus dem BGB. Kein Scherz. Die CD ist ein gutes Beispiel dafür, dass man sogar mäßige Texte interessant inszenieren kann – mit einer guten Stimme.

Würde ich mir das BGB oder die StVO in Druckfassung auf den Nachttisch legen? Nein. Es ist die Stimme, die hier den Reiz ausmacht. Sie erzeugt die Bereitschaft zuzuhören, das Interesse, die Faszination.

Leider funktioniert das auch anders herum. Sogar richtig gute Inhalte können viel von ihrer Wirkung einbüßen, wenn wir die Wirkungsmacht der Stimme vernachlässigen. Wenn die Nervosität sich zu stark auf den Klang legt, wenn die Stimme brüchig ist, wenn wir falsch betonen, zu leise sprechen oder schrill – oder, oder, oder.

Wenn wir die Stimme dagegen richtig nutzen, schließt sie unseren Zuhörern neue Welten auf. Stimmen wie die von Otto Sander oder Christoph Maria Herbst lassen uns sogar Altbekanntes neu entdecken. Sie kitzeln verborgene Facetten aus Inhalten heraus, die wir zu kennen glauben. Sie lassen spannende Erkenntnisse und Geschichten noch glanzvoller wirken. Warum? Weil sie unsere Aufmerksamkeit fesseln. Weil sie dafür sorgen, dass wir zuhören, wie wir es sonst nicht tun. Weil sie Resonanz erzeugen, im physikalischen und im übertragenen Sinne: Diese Stimmen tragen die Substanz einer Botschaft vom Ohr ins Herz.

Gewiss ist es kein Zufall, dass alle Stimmen, die mich so faszinieren, Schauspielern gehören. Man kann mit der Stimme arbeiten und an der Stimme arbeiten, damit sie diese Wirkung entfaltet. Deshalb ist es auch kein Wunder, dass die Schauspielerin Nicola Tiggeler mich mit ihrer Arbeit fasziniert. Ich kenne sie schon lange. Ich habe erlebt, wie sie Menschen zu einer besseren Stimme verholfen hat. Sie vermag es, Menschen auf wichtige Vorträge und Gespräche ‚einzustimmen‘, indem sie ihnen hilft, wirkungsvoll zu sprechen.

Deshalb bin ich froh darüber, dass es dieses Buch gibt. Es zeigt, dass wir Einfluss auf unseren Klang haben. Dass die Stimme eben kein unveränderlicher Anteil unserer persönlichen Wirkung ist, sondern einer, auf den wir Einfluss haben. Es ist keineswegs so, dass man eine eindrucksvolle Stimme hat oder eben nicht. Unsere Stimme kann viel mehr, als wir glauben. Und mit ihr können wir viel mehr erreichen, als wir meinen.

Wenn Sie wollen, können Sie mit Nicola Tiggelers Hilfe natürlich auch ein Telefonbuch so vortragen, dass es Menschen in Entzücken versetzt. Ich nehme allerdings stark an, dass Sie etwas anderes im Sinn haben. Ganz gleich, was es ist: Das richtige Buch haben Sie schon in der Hand.

Kommen Sie gut an!

Ihr
René Borbonus

Zur Einstimmung – „Ich stimme!"

Sprechen kann doch jeder, denken Sie? Aber können Sie mit Ihrer Stimme und Ihrem Auftreten auch begeistern und überzeugen? Denn: Wenn jemand überzeugend kommuniziert oder einen mitreißenden Vortrag hält, haben Sie meist das Gefühl: „Das stimmt!"

„Stimme", „stimmen", „gut gestimmt", „verstimmt", „stimmig sein" …: Schon der gemeinsame Wortstamm lässt die Bedeutung Ihres akustischen Aus- und Eindrucks erahnen.

Wenn Sie stimmig sind, wenn also Ihre Stimme, Ihr Auftreten, Ihre Persönlichkeit und das, was Sie sagen, übereinstimmt, dann werden Sie Ihr Gegenüber überzeugen, Sie erzeugen „Stimmung" – im besten Sinne.

Das Zusammenspiel von dem, was Sie sagen (Inhalt), und dem, wie Sie es sagen (Ausstrahlung, Körpersprache und Stimme), ist nicht zu unterschätzen und ist die Voraussetzung für ein authentisches und wirkungsvolles Auftreten.

Und hier gleich vorweg: Ich bin ein Fan von guten Inhalten! Es geht mir nicht darum, Sie von Ihrer Verantwortung zu entbinden, sich genau zu überlegen, was Sie sagen möchten, welchen Inhalt Sie transportieren wollen.

Und trotzdem gilt das altbekannte Sprichwort: Der Ton macht die Musik!

Ich möchte Sie dazu ermuntern und ermutigen, sich mit Ihrem ganz entscheidenden Wirkverstärker „Stimme" auseinanderzusetzen.

Die Stimme spiegelt Ihre Persönlichkeit unmittelbar wider, sie ist Ihre akustische Visitenkarte. Wie Sie wahrgenommen werden, hängt ganz entscheidend von Ihrer optischen und akustischen Präsenz ab, das heißt also von Ihrer Körpersprache und Ihrer Stimme. Diese wichtigsten Kommunikationsinstrumente entscheiden, ob Sie glaubwürdig und kompetent erscheinen oder als ängstlich und nervös wahrgenommen werden, ob Sie begeistern und mitreißen oder ob Sie Ihre Umwelt langweilen.

Mein ganzes Berufsleben lang habe ich mich mit Stimme beschäftigt. Stimme ist mein Ding! Ich habe in den verschiedenen Möglichkeiten, meine Stimme zu nutzen, meine Berufung gefunden – und dafür bin ich sehr dankbar.

Seine eigene Stimme zu finden bedeutet auch, zu sich selbst zu stehen und mit sich im Reinen zu sein. Ich stehe auch zu meinen Ecken und Kanten – mich muss nicht jeder lieben. Das ist ein durchaus sehr persönlicher Prozess und ich möchte Sie ermutigen, sich auf die Suche nach Ihrer ganz persönlichen Stimme zu machen, mit der Sie für sich und für Ihre Umwelt authentisch und „stimmig" klingen und sind!

Viele Menschen glauben, ihre Stimme sei ein Geschenk und damit so etwas wie eine Gottesgabe, die man hat oder auch nicht. Das sehe ich nicht so. Es gibt viele konkrete Möglichkeiten, etwas für die eigene Stimme zu tun, vieles davon ist „Handwerk" und es braucht „nur" eine entsprechende Wahrnehmung und das Interesse daran, die eigene Stimme zu verbessern.

Freie Stimme

Und in diesem Zusammenhang ist mir ganz wichtig: Es geht nicht per se um eine **schöne**, sondern um eine **freie** Stimme. Jeder Mensch hat seine eigene, persönliche Stimme, und das ist gut so! Aber ich erlebe oft, dass Menschen von sich sagen: Ich bin halt so, meine Stimme ist eben so! Und das verwechseln sie dann mit Authentizität. Provokant gesagt: Authentisch sein zu wollen ist keine Entschuldigung für ungünstige Angewohnheiten oder eine Ausrede, um Veränderungen zu vermeiden.

Eine authentische Stimme ist für mich eine freie Stimme! Und „frei" bedeutet in diesem Sinne: die eigene Leidenschaft angstfrei äußern, die innere Haltung hör- und sichtbar machen zu können.

Mein Weg zur Stimme begann früh: Mit vier Jahren beschloss ich, Sängerin zu werden. Und das zog ich dann auch mit der mir eigenen Konsequenz (manche nennen es Sturheit) durch. Ich habe in Hamburg Gesang studiert und

jeweils mein Diplom als Opernsängerin und Gesangspäda-
gogin gemacht.

Schon während des Studiums und später am Theater habe
ich mit Sängern gearbeitet, die sprechen, oder mit Schauspielern, die singen mussten. Durch meine zunehmende
Schauspielarbeit sowohl für die Bühne als auch vor allem
vor der Kamera und dem Mikrofon wollte ich es dann noch
einmal genau wissen: Ich beschloss, noch ein Sahnehäub-
chen draufzusetzen und eine zusätzliche Ausbildung für
die Sprechstimme bei Kristin Linklater zu machen. Kristin
Linklater ist **die** Stimmexpertin im englischsprachigen Raum
und ihre Methode ist einer der etabliertesten Ansätze in der
Stimmbildung und Sprecherziehung. Mich hat fasziniert,
wie der Zusammenhang von Person und Kommunikation
wahrgenommen wird – durch die intensive Arbeit an Körper, Atem und Resonanzentwicklung bis hin zu Artikulation
und Text. Ursprünglich ist dieser Ansatz und diese Art, mit
und an der Stimme zu arbeiten, natürlich für Schauspieler
entwickelt worden, aber sie funktioniert für jeden „Viel-
Sprecher", das erlebe ich tagtäglich als Stimmtrainerin für
Führungskräfte, Politiker, Speaker, Moderatoren und alle,
die viel sprechen und kommunizieren müssen – und wollen.

In diesem Buch finden Sie die Essenz meiner Erkenntnisse
über die Wirksamkeit der Stimme sowie einfache, praxis-
erprobte Übungen, um die Stimme als authentischen und
kraftvollen Ausdruck der eigenen Person zu erfahren, zu
entfalten und einzusetzen.

Ihre Stimme ist

• einzigartig und unverwechselbar,

• der Spiegel Ihrer Persönlichkeit,

- die Botschafterin Ihrer Gedanken und Gefühle und

- Ihr ganz persönliches, wunderbares Instrument.

Ich möchte Sie ermutigen, im wahrsten Sinne des Wortes mit sich im Einklang zu sein, um „Anklang" zu finden, „Resonanz" zu erzeugen und auch unter Stress in gelassener und guter Stimmung zu bleiben.

Entdecken, erweitern und genießen Sie das Potenzial Ihrer Stimme.

Bleiben Sie neugierig und offen. Bleiben Sie bei sich, seien Sie im Moment. Und haben Sie Mut zu Visionen.

Herzlich,

Ihre Nicola Tiggeler

Bestandsaufnahme – wie klingen Sie?

> „Wer das Ohr beleidigt, dringt nicht zur Seele vor."
> Quintilian

Lieben Sie Ihre eigene Stimme, wenn Sie sie auf dem Anrufbeantworter hören? Falls ja: Gratulation! Sie gehören zu einem sehr überschaubaren Kreis von Auserwählten. Falls Sie aber sicher sind, dass da ein anderer in Ihrer Abwesenheit die Ansage aufgenommen hat und die Stimme fremd, eher hoch oder flach und so gar nicht wie Ihre eigene klingt, heiße ich Sie willkommen in der Realität, denn Ihr Anrufbeantworter hat leider recht.

Übung: Ein regelmäßiges Date mit Ihrem Anrufbeantworter

Machen Sie es sich zur Angewohnheit, Ihren Anrufbeantworter und Ihre Mailbox regelmäßig neu zu besprechen. Das ist eine gute Gelegenheit, sich immer wieder mit Ihrer eigenen Akustik vertraut zu machen.

Sie werden bemerken: Je öfter Sie das tun, umso vertrauter werden Sie mit Ihrer Stimme. Und mit ein bisschen Stimm-Übung wird Ihnen zunehmend besser gefallen, was Sie da hören …

Falls Sie den Wunsch haben, Ihren Stimmklang zu optimieren, können Sie Folgendes tun:

Übung: Die Wunschstimme benennen

Ihre Wunschstimme

- *Machen Sie eine (ehrliche) Bestandsaufnahme: Nehmen Sie Ihre eigene Stimme immer mal wieder auf und hören Sie sie an: Was gefällt Ihnen, was weniger?*
- *Nennen Sie spontan jeweils mindestens fünf Adjektive, die Ihre Stimme beschreiben (z. B. leise–laut, hoch–tief, eng–voll, hell–dunkel, kraftvoll–schwach …) und Ihre Sprechweise (z. B. Sprechtempo, Pausen, Dynamik, Modulation, Deutlichkeit …).*

———————————————————————
———————————————————————
———————————————————————
———————————————————————

- *Was mögen Sie an Ihrer Stimme?*

———————————————————————
———————————————————————
———————————————————————
———————————————————————

- *In welchen Situationen fühlen Sie sich stimmlich wohl, wann dagegen nicht?*

  _____

  _____

  _____

- *Und nun überlegen Sie bitte, wie Sie sich Ihre Stimme und Ihr Sprechverhalten wünschen (z. B. warm, voll, sympathisch, kräftig, wohltönend, dunkel, beruhigend, motivierend …).*

  _____

  _____

  _____

  _____

- *Wie dringend ist Ihr Wunsch nach Veränderung? (kaum, mittel ausgeprägt)*

  _____

- *Wie viel Zeit können und wollen Sie investieren?*

  _____

- *Wann ist Ihre beste Zeit zum Üben? (morgens nach dem Aufstehen, in der Mittagspause, abends nach der Arbeit …)*

  _____

- *Wann wollen Sie Ihr stimmliches Ziel erreicht haben? (in vier Wochen, in einem halben oder ganzen Jahr …)*

  _____

- *Was hat sich dann für Sie verändert, wie fühlt sich das an?*

  _____

  _____

  _____

  _____

- *Wer kann Sie mit einem klaren, vor allem ehrlichen Feedback unterstützen? (Partner, Familie, Freunde, Kollegen, Mentoren …)*

  _____

  _____

  _____

  _____

- *Stimmt Ihre eigene Wahrnehmung mit der Ihrer Zuhörer überein?*

  _____

Je klarer Sie Ihre Ausgangsposition, die Dringlichkeit Ihrer Wünsche, Ihre Ziele und Ihr zeitliches Budget benennen können, umso einfacher wird es.

Wenn Sie wirklich das Bedürfnis nach Veränderung haben, suchen Sie sich eine(n) gute(n) Stimmtrainer(in). Ob in einem Einzelcoaching oder im Seminar: Die Begleitung und das Feedback durch einen erfahrenen Stimmtrainer bringt Sie sehr viel schneller ans Ziel als das Selbststudium.

Falls Sie viele schöne Eigenschaftswörter für Ihre Stimme gefunden haben und wunschlos glücklich sind, danken Sie dem Schöpfer und Ihren guten Genen. Wenn nicht, lassen Sie sich von den Erfahrungen aus meinem Berufsleben und ein paar bewährten Grundübungen aus meinen Workshops anregen, etwas für Ihre Persönlichkeit und deren wichtigster Botschafterin – Ihre Stimme – zu tun.

Kommunikation und Stimme

Sind Stimme und Ausdruck wirklich so wichtig? Ist es nicht genug, dass Sie sich auf Ihre Rede oder Präsentation, das nächste Meeting oder ein Mitarbeitergespräch vorbereitet haben? Sie haben Ihre Powerpoint-Präsentation sorgfältig durchdacht und Ihr Äußeres optimiert, sprich auf eine vorteilhafte Kleidung und Frisur geachtet. Vielleicht sind Sie sogar in ein Fitnessstudio gegangen. Vielleicht haben Sie schon einige Kommunikations-, Rhetorik- oder Präsentationsseminare hinter sich. Sie haben sich über Ihren Stil und vielleicht sogar über Ihre Körpersprache Gedanken gemacht. Nun muss es doch mal gut sein, denken Sie.

Noch einmal: Ich liebe gute Inhalte und ich gehe davon aus, dass Ihre Inhalte brillant sind! Und doch: Ob Ihr Publikum oder Ihr Gegenüber Ihnen gerne zuhört, ob es Sie sympathisch findet, ob es Ihnen nicht nur auf inhaltlicher, sondern auch auf emotionaler Ebene folgt und ob es sich von Ihnen überzeugen lässt, das hängt entscheidend vom Nonverbalen, also von Ihrer Stimme und Körpersprache ab. Die sogenannte Sprechwirkung entsteht auf drei Ebenen:

- auf der verbale Ebene (Inhalt)

- auf der extraverbalen Ebene (optische Signale wie Mimik, Körpersprache, Gestik)

- auf der paraverbalen Ebene (akustische Signale wie Stimme und Sprechweise)

Noch heute wird immer wieder darüber diskutiert, welchen Anteil Optik und Akustik daran haben, ob eine Rede oder Präsentation erfolgreich ist, ob der Inhalt beim Publikum ankommt, ob das Auditorium dem Redner gerne zuhört.

Bei der Kommunikation geht es immer um die Vermittlung von Inhalten **und** Emotionen. Und es geht um Senden und Empfangen, um die Beziehung und die Energie zwischen Sender und Empfänger. Ich persönlich bin der festen Überzeugung, dass es in der Verantwortung des Senders liegt, ob der Empfänger Interesse und Lust hat oder entwickelt zu empfangen.

Vermutlich haben Sie Ihre Rede oder Präsentation inhaltlich strukturiert und ihr eine (hoffentlich) spannende Dramaturgie verpasst, mit Einleitung, Hauptteil und Schluss. Und so sollte auch Ihr stimmlicher und körpersprachlicher Ausdruck dieser Dramaturgie folgen und sie unterstützen, ja, vielleicht sogar sie erst ermöglichen.

Einer der Klassiker unter den Coaching-Leitsätzen lautet:

> „Mehr Eindruck durch Ausdruck".

Mit anderen Worten:

> „Der Ton macht die Musik".

Was genau bedeutet aber „Kommunikation", also das Spiel zwischen Sender und Empfänger, die sich Botschaften zuwerfen? Das Lateinische „communicare" übersetzt der Duden als „kommunizieren" mit den Bedeutungen „weitergeben, weiterleiten, weitersagen …".

Kommunikation bedeutet für mich aber weit mehr als das Weitergeben von Inhalten. Kommunikation heißt für mich auch: „Ich zeige, was in mir steckt."

Was bedeutet das für Ihre Stimme, Ihre Rede oder Präsentation? Meine wunderbare Lehrerin Kristin Linklater bringt das so auf den Punkt: „Vollkommene Kommunikation ist ein ausgewogenes Quartett von Intellekt **und** Gefühl, Körper **und** Stimme – ein Quartett, in dem keines der Instrumente mit seiner Stärke die Schwäche eines anderen kompensiert."

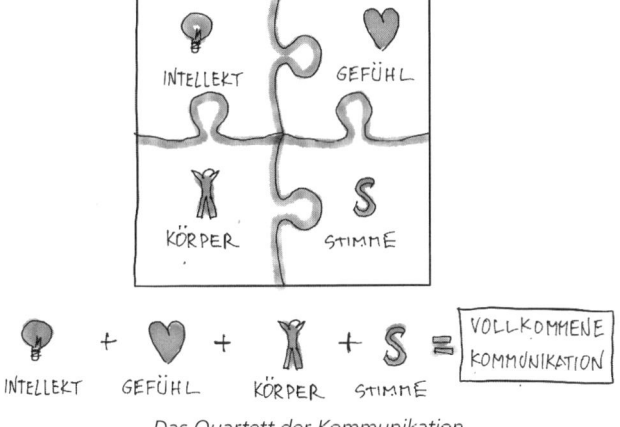

Das Quartett der Kommunikation

Dieses Quartett der Kommunikation hat einen enormen Einfluss auf die kommunikative Wirkung, wie wir noch im Einzelnen sehen werden. Unterschätzen Sie daher nicht die Wirkung und Macht Ihrer Akustik.

Sie kennen sicher den Satz: Es gibt keine zweite Chance für den ersten Eindruck. Ich behaupte, doch! Es gibt eine zweite Chance: Ihre Stimme! Sie verstärkt, unterstützt und „verbessert" Ihre Optik im besten Fall – oder schwächt sie im ungünstigen Fall.

Sobald Sie den Mund aufmachen, offenbart Ihre Stimme,

• wer Sie sind,

• was Sie denken,

• was Sie fühlen,

• wie Sie zu dem stehen, was Sie sagen,

kurz: Ihre Persönlichkeit.

Stimme und Persönlichkeit

Beispiel: Das antike Theater

Eine Maske, wie sie im antiken Theater verwendet wurde

> *Im antiken Theater trugen die (immer männlichen) Schau-spieler Masken und waren dadurch ihrer Mimik beraubt. Die Schauspieler mussten daher zum einen durch diese Maske tönen (lat. personare = durchklingen, per sona = durch Klang) und auch im großen Amphitheater vernehmbar sein. Zum anderen mussten sie hörbar machen, wie sich ihre Fi-gur, ihr Charakter fühlte, ob z. B. der Narr traurig, der König wütend oder der Bauer verzweifelt war. Wem das gelang, der gab seiner Person (lat. persona: Wesen, Rolle, Maske) Persönlichkeit.*
>
> *Weitergedacht könnte das bedeuten: Das Äußere bleibt eine Maske, ist eventuell eine Täuschung, vielleicht nur eine Rolle. Erst der Klang der Stimme vermittelt das wahre Innere, den Charakter. Ganz im Sinne von Sokrates: „Sprich, damit ich dich sehe!"*

Ihre Zuhörer schließen ganz automatisch von Ihrem Stimm-klang auf Ihren Charakter. Bestimmte Stimmqualitäten wer-den sogar mit bestimmten Charakterzügen assoziiert.

Der Klang Ihrer Stimme ist für Ihre Zuhörer die Grundlage für eine blitzschnelle Beurteilung Ihrer

- Kompetenz,

- Durchsetzungskraft,

- Willensstärke,

- Motivation und

- Selbstsicherheit.

Sie gibt Ihrem Gegenüber auch Aufschluss über Ihr Einfüh-lungsvermögen und Ihre aktuelle Stimmung:

- Klingt Ihre Stimme voll, angenehm und klar, vermitteln Sie Souveränität, Selbstsicherheit und Kompetenz.

- Eine gepresst oder flach klingende, zu hohe oder zu leise Stimme lässt Ihre Zuhörer Unsicherheit, Angst und Anspannung vermuten, auch wenn das bei Ihnen natürlich eine unzutreffende Unterstellung wäre …

Für viele meiner Kunden ist es eine Offenbarung, dass sie sich nicht in ihr stimmliches Schicksal fügen müssen, nach dem Motto „Pech gehabt", sondern ganz entscheidend darauf Einfluss nehmen können.

Wir unterscheiden drei Einflussfaktoren auf die Stimme:

Die Genetik

Den ererbten „Bau" Ihrer gesamten Anatomie und speziell Ihres Stimmapparats können Sie natürlich nicht verändern.

Die beiden anderen Faktoren, die **situationsbedingten Einflüsse** und den **erworbenen bzw. erlernten Stimmgebrauch** hingegen schon.

Situationsbedingte Einflüsse

Zu den **situationsbedingten Einflussgrößen** gehören:

- räumliche Gegebenheiten: Raumgröße, Luftfeuchtigkeit, Akustik, Nebengeräusche

- technische Gegebenheiten: Beleuchtung, funktionierende Tonanlage

- Vorbereitung: inhaltlich und emotional

- Äußeres: Kleidung, Schuhe etc.

- Stimmung: die eigene und die des Publikums

- stimmhygienische Voraussetzungen: stimmliches „Auf-wärmen", Gesundheit

Also sorgen Sie bitte dafür, dass es Ihnen diesbezüglich gut geht! Tipps und Tricks zu einigen dieser Faktoren finden Sie im Verlauf des Buches.

Sprechverhalten/Stimmgebrauch

Unangenehm empfundene Sprech- und Verhaltensweisen wie hektischer Atem, Räuspern, endlose „Ähs", Monotonie, Spannungsabfall oder Undeutlichkeit führen ziemlich sicher dazu, dass Ihre Zuhörer abschalten, innerlich den Wochen-einkauf planen, in den berühmten Sekundenschlaf fallen oder im schlimmsten Fall Sie und Ihre Botschaft ablehnen.

Ich habe Ihnen eine Tabelle zusammengestellt, die aufführt, was wir bei einem Redner nicht erleben wollen. Aber be-denken Sie: Alle Dos und Don'ts können Sie beeinflussen und auch verändern.

Uns interessiert hier vor allem der **Stimmgebrauch**. Er ist durch Nachahmung und ständige Wiederholung erlernt und damit auch wieder veränderbar. Jeder, der einmal ein Baby erlebt hat, weiß, was für eine unglaubliche Klangpalette diese kleinen Wesen haben und wie differenziert sie ihre Gemütszustände und Befindlichkeiten (z. B. müde, hungrig, krank, gelangweilt, belustigt, empört, ängstlich usw.) kom-munizieren können – und das ganz ohne Worte!

	Gerne!	**Bitte nicht!**
Atmung	entspannt	hektisch, Schnappatmung
Lautstärke	angemessen	zu leise/zu laut
Tonlage	angenehm, „stimmig"	zu hoch/zu tief
Stimmklang	angenehm, warm, voll	piepsig, schrill, gequetscht
Tempo	angemessen	zu schnell/zu langsam keine/zu viele Pausen
Rhythmus	dynamisch, belebend	abgehackt, monoton
Artikulation	präzise, deutlich, natürlich	undeutlich, „gekünstelt"
Stand/Haltung	locker, souverän	unruhig, starr
Körpersprache/Mimik	ausdrucksstark	verklemmt, stereotyp, starr
Blickkontakt	gezielt, persönlich	fehlt, Blick zum Boden/ Beamer

Dann lernt das Kind seine Muttersprache durch Nachahmung. Silben, Worte, Sätze entstehen. Bis zum Schuleintritt spricht es im Idealfall grammatisch richtig, verwendet bis zu 5.000 Wörter, kann Sätze und Nebensätze bilden, kennt die Artikel der Wörter, weiß die Mehrzahl, kann reimen, verwendet sogar schon abstrakte Begriffe wie „Zufriedenheit" – kurzum: Das Kind hat seine Muttersprache gelernt.

Und leider werden auf dem Weg zu dieser großartigen, einzigartigen und nur uns Menschen vorbehaltenen Fähigkeit viele der angeborenen Qualitäten der Stimme (zu sehr) kultiviert, domestiziert und zivilisiert. Durch „Nicht in diesem Ton!" oder „Nicht so laut!" versuchen Eltern, ihre Kinder zu einem hoffentlich höflichem und gesellschaftsfähigem Verhalten zu erziehen. Auch durch ein „Warte, bis die Erwachsenen ausgeredet haben!" oder „Hör mit diesem Gebrüll auf, sonst gibt es …/kein …!" versuchen sie, das Verhalten der Kinder zu beeinflussen.

Diese Erziehungsfloskeln mögen manchmal mehr, manchmal weniger angebracht sein, sie schaden im Allgemeinen auch nicht allzu sehr. Wenn Kinder aber immer wieder z. B. „Große Jungen weinen nicht!" oder „Liebe Mädchen schreien nicht!" zu hören bekommen, können Sie dadurch emotional Schaden nehmen: Ihre primären Impulse werden damit unterdrückt und Spontaneität wird verhindert.

Außer bei extremen Gefühlen wie Schmerz, Angst oder Ekstase erlauben wir uns als Erwachsene nur noch selten spontane, instinktive Äußerungen. Sie glauben gar nicht, wie vielen Menschen es schwerfällt, spontan und **„lauthals"** zu lachen, zu weinen, zu rufen oder zu schreien!

Natürlich ist es sinnvoll, wenn wir nicht alle ungeniert unsere Bedürfnisse hinausbrüllen und unsere Emotionen ungehemmt zeigen. Aber durch das ständige Verhindern dieser ursprünglichen „Äußerungen" im Laufe des Erwachsenwerdens entstehen vielfältige körperliche und seelische (Ver-) Spannungen, Selbstzensur und Ängste.

Die Folge:

> **!** Wenn wir emotional und körperlich nicht frei sind, ist auch unser Atem nicht frei. Und wenn unser Atem nicht frei ist, kann es unsere Stimme auch nicht sein.

Kristin Linklater bringt es wunderbar auf den Punkt:

> **!** „Jeder Mensch wird mit einer gesunden und belastbaren Stimme geboren. Das Recht auf eine freie Stimme ist ein Menschenrecht."

Warum „Die sieben Säulen der Stimme"?

Ihre Stimme hat im Laufe der Erziehung und Sozialisation also möglicherweise einiges von ihrer Freiheit verloren. Vielleicht klingt sie nicht „natürlich", sondern gequetscht oder zu hoch, vielleicht ist sie sehr leise und kann sich nicht gut durchsetzen? Wie finden Sie dann zu Ihrer natürlichen, freien Stimme zurück?

Eine natürliche, freie Stimme steht für mich auf sieben Säulen. Zu dieser Einteilung wurde ich durch das Konzept der „Sieben Säulen der Macht" nach Suzanne Grieger-Langer inspiriert. Die „Sieben Säulen der Macht" basieren auf den sieben Hauptchakren (Hauptenergiezentren) des Körpers, wie sie in der Yoga- und Ayurvedalehre des Hinduismus und in der traditionellen chinesischen Medizin gelehrt werden.

Nun lade ich Sie ein, mich durch die folgenden sieben Kapitel zu begleiten, in denen ich die sieben Säulen der Stimme näher beleuchte. Ich beschreibe jeweils die wesentlichen Wirkmechanismen und stelle Ihnen einige konkrete Stimmübungen vor.

Meine Ausführungen und Übungen ersetzen keinen Stimmtrainer. Ich möchte Ihnen aber zeigen, dass Sie Ihr wichtigstes Kommunikationsmittel, Ihre Stimme, trainieren und wesentlich verbessern können. Denn das harmonische Zusammenspiel von Stimmklang und Stimmlebendigkeit, von Haltung, Bewegung, Mimik und direkter persönlicher Zuwendung bestimmen den Erfolg Ihrer Kommunikation.

> Und ich möchte Ihnen in diesem Zusammenhang mein Credo näherbringen: Stimmtraining ist möglich, lohnt sich und macht Spaß! **!**

Auf den Punkt gebracht

Ihre Stimme ist

- einzigartig und unverwechselbar,
- der Spiegel Ihrer Persönlichkeit,
- die Botschafterin Ihrer Gedanken und Gefühle und
- Ihr ganz persönliches, wunderbares Instrument

Sie können Ihren „Wirkverstärker" Stimme entscheidend positiv beeinflussen!

Die 1. Säule der Stimme – die Haltung

Eine gute körperliche Haltung und eine „stimmige" Körperaufrichtung ist die Grundvoraussetzung für einen frei fließenden Atem und damit für Ihr Kommunikationsinstrument Stimme. Je bewusster Sie entspannt (!) und damit ökonomisch und aufgerichtet sitzen, stehen oder gehen, umso überzeugender kommunizieren Sie – optisch und akustisch.

Übung: Ihre Haltung

- *Wie stehen oder sitzen Sie denn in diesem Moment?*
- *Wie ver-halten Sie sich?*
- *Wie treten Sie auf?*
- *Wie ist Ihr Auftritt?*

Freiheit für die Bäuche

Sind Sie unterspannt und lasch, wird auch Ihre Stimme und Ihre Außenwirkung unsicher, ängstlich oder gelangweilt sein. Und umgekehrt wird eine verspannte, überstreckte Haltung auch Ihre Stimme gepresst und gequetscht und alles andere als souverän klingen lassen.

Männer neigen dazu, das berühmte „Brust raus, Bauch rein" zu übertreiben. Und auch die schlankesten Frauen ziehen den Bauch ein, um ja keinen tatsächlichen oder eingebildeten Röllchen eine Chance zu geben. Und schon wirkt die Haltung „behauptet", nicht souverän, schon wird die Atmung und damit leider auch der Stimmklang fest und rutscht nach oben. Ich zitiere Kristin Linklater:

„Man muss sich entscheiden: entweder für einen flachen Bauch oder für eine schöne Stimme!"

Und noch ein genialer Spruch von ihr diesbezüglich:

„Freiheit für die Bäuche!"

„Freiheit für die Bäuche!" (Kristin Linklater)

Noch einmal: Es geht nicht unbedingt um eine schöne, sondern um eine freie und persönliche Stimme!

Haltung einnehmen

Beispiel: Haltung angewöhnen

Ich habe mir „Haltung" angewöhnt. Sobald ich beim Drehen das Kommando „Und bitte!" höre, richte ich mich blitzschnell auf:

- *Füße verankern*
- *Knie loslassen*
- *Wirbelsäule von innen aufrichten*
- *Bauchdecke loslassen*

Das ist ein Automatismus, der funktioniert. Egal, was dann für eine Szene kommt. Ich bin bereit!

„Haltung einzunehmen" können Sie ganz einfach in Ihren Alltag integrieren, indem Sie sich dafür kleine Anker setzen: zum Beispiel bei jedem Griff zum Hörer, sobald Sie eine Tür öffnen (für sich selbst oder um Besuch zu empfangen) oder einfach jedes Mal, wenn Sie Ihren Namen hören, richten Sie sich von innen heraus auf.

Dass Ihre Gedanken und Gefühle Ihre Körpersprache beeinflussen, kennen Sie bestimmt aus eigener Erfahrung: Wenn Sie trauern, gehen Sie nicht mit aufrechtem Gang und beschwingtem Schritt durch die Welt. Umgekehrt schleichen Sie nach einem tollen Vertragsabschluss oder wenn Sie frisch verliebt sind, vermutlich nicht bekümmert durch die Gegend, sondern sind aufgerichtet, wach und selbstbewusst – und genau das spiegeln dann Ihre Körpersprache und Ihre Mimik wider.

Aber wussten Sie, dass das auch umgekehrt funktioniert?

Psychologen der Harvard University haben nachgewiesen, dass eine starke, selbstsichere Haltung einen biochemischen Prozess in Gang setzt, der uns das Gefühl von Selbstvertrauen und Macht gibt. Das heißt, man kann nur durch das Einnehmen einer machtvollen Geste (sog. Power Posing) seine Gemütslage positiv beeinflussen. Im Umkehrschluss: Wenn man vor einem wichtigen Termin noch schnell mit gebeugtem Rücken sein Handy checkt, wird diese kleine, sich versteckende Körperhaltung unsere Seelenlage negativ beeinflussen.

Übung: Power Posing

Nehmen Sie zwei Minuten das sogenannte Power Posing ein:

- *breiter Stand,*
- *die Wirbelsäule aufgerichtet,*
- *die Arme nach oben zu einer Siegergeste erhoben, so, als ob Sie zwei Minuten lang das Siegestor Ihrer Lieblingsmannschaft bejubeln.*

Und das können Sie auch gerne akustisch tun, indem Sie mit warmem, vollem Klang

- *„Tooor!",*
- *„Jaaaa!",*
- *„Suuuper",*
- *„Wunderbaaar!"*

oder Ähnliches tönen (nicht brüllen!).

Nicht nur meine männlichen Kunden lieben das Power Posing, ganz einfach, aber mit großer Wirkung!

Power Posing

In einem verkrampften, angespannten Körper können nur sehr schwer freie, lebendige Gedanken entstehen, der Atem kann nicht fließen und damit kann Ihre Stimme nicht frei und unbelastet sein. Eine körperliche und geistige Haltung hingegen, die Ihr ganzes Potenzial aufzeigt und nutzt, erzeugt dynamisches Gleichgewicht und Ausstrahlung:

Ist Ihr Körper aufrecht, sind Sie aufrichtig.

!

Sind Sie flexibel und vital in Ihren Bewegungen, folgt dem Ihre innere Haltung. Und Ihre Stimme wird dann genau das sein: natürlich, persönlich und frei.

Machen Sie sich groß und zeigen Sie, dass Sie „rüberkommen" wollen!

Doch es geht nicht nur um Ihre **Außenwirkung**, sondern immer auch um Ihre **innere Haltung**: Wenn körperliche und geistige Haltung sich entsprechen, sind sie „stimmig".

Und ein weiterer wichtiger Aspekt:

> Stehen Sie hinter dem, was Sie sagen!

Wenn Sie an dem, was Sie sagen oder präsentieren zweifeln, wird Ihr Gegenüber das spüren. Ihr Publikum spürt Ihre Präsenz! Wenn Sie mit Begeisterung und Überzeugung dabei sind, dann wird sich dies auch auf Ihr Gegenüber übertragen.

Den Körper aufrichten

Ob Sie von Ihrer Sache überzeugt sind oder nicht, lässt sich an einigen Stellen des Körpers besonders gut beobachten und üben: Selbstbewusstsein und Selbstsicherheit beginnen immer mit einem guten, ungefähr hüftbreiten Stand und damit bei den **Füßen** (im Stehen wie im Sitzen).

Die Füße sorgen für Erdung, Bodenkontakt und Urvertrauen: Ich bin mir meiner selbst bewusst, ich weiß, wo(für) ich stehe. Ich spüre die Auflagefläche meiner Füße und weiß verlässlich: Der Boden trägt mich. Ich spüre mich „aufrichtig", immer, im Stehen wie im Sitzen.

Übung: Ausrichtung mit den Füßen

*Die **Füße** sorgen für Erdung, Bodenkontakt und Urvertrauen: Ich bin mir meiner selbst bewusst, ich weiß, wo(für) ich stehe, der Boden trägt mich.*

- *Krallen Sie Ihre Zehen ein.*
- *Dann heben Sie die Zehen an, spreizen Sie sie weit auseinander und legen Sie sie entspannt ab.*
- *Spüren und belasten Sie drei Punkte und verteilen Sie Ihr Gewicht gleichmäßig darauf: Außenballen, Innenballen, Fersen.*
- *Pendeln Sie leicht hin und her, pendeln Sie vor, zurück und seitlich und finden Sie auf diesen drei Punkten an jedem Fuß Ihre mittige Ausrichtung (gerne mit geschlossenen Augen).*

Ihre **Knie** verraten eine Menge. Sind sie durchgedrückt, transportieren Sie auch nach außen eine steife, unflexible Haltung. Lassen Sie stattdessen „Flexibilität" zu, stehen Sie mit lockeren Kniegelenken da und seien Sie bereit, entweder den nächsten Schritt zu tun oder auch bewusst den eigenen Standpunkt zu behalten. „Beton-Knie" blockieren den Atem, weil sie den Beckenboden und damit eine wichtige korrespondierende Atemmuskulatur behindern.

Übung: Lockere Knie

- *Spannen Sie bewusst Ihre Kniemuskulatur an (wie „Säbelbeine").*
- *Dann lassen Sie sie wieder los.*
- *Federn Sie leicht und locker mit den Knien, verstärken Sie die Bewegung und kommen dann langsam zur Ruhe, pendeln Sie sich wieder mittig ein.*

> **Ein gutes Mittel gegen Lampenfieber**
>
> Kniefedern und Körperschütteln bauen ganz wunderbar und verlässlich Spannung und Lampenfieber ab.

Sie erraten es sicher: Auch Ihr **Becken** sollte beweglich sein. Das Becken ist unser Körperschwerpunkt, es verbindet Unter- und Oberkörper. Es ist das Fundament unserer Wirbelsäule und unser „Zentrum", auch für die Stabilisierung und Kraft der Stimme. Bringen Sie also bitte nicht das Fundament durch einen Rundrücken oder ein Hohlkreuz aus dem Gleichgewicht.

Übung: Bewegliches Becken:

Schwingen Sie Ihr Becken (das geht auch im Sitzen). Tanzen, Bauchtanzen, einen imaginären Hula-Hoop-Reifen kreisen lassen … Ihrer Fantasie sind da keine Grenzen gesetzt.

Ihre Präsenz, Ihre Ausstrahlung, eben Ihr „Rückgrat" hängen ganz unmittelbar von Ihrer **Wirbelsäule** und Ihrer Aufrichtung ab. Und die Aufrichtung der Wirbelsäule sollte von innen heraus geschehen – das ist das ganze Geheimnis. Weder Zusammensinken noch Überstreckung des Oberkörpers führen zum Erfolg, und es ist nicht der Job Ihrer großen Bauchmuskulatur, die Wirbelsäule und den Brustkorb aufzurichten.

Übung: Aufrecht – aufrichtig

Bemerken Sie, dass Sie Ihre Wirbelsäule von innen heraus „längen" können und lassen Sie dabei bitte die Muskulatur ihrer Bauchdecke entspannt, damit diese der Atembewe-

gung folgen und sie unterstützen kann. Und auf dem Weg nach oben in Ihrer souveränen Aufrichtung sollte bei lockeren Schultern, Armen und Händen auch die Kehle, Kiefer und Zunge entspannt sein. Ihr **Kopf** *„schwebt" königlich und der Nacken ist lang. Das ist die Grundvoraussetzung, dass die Muskulatur rund um Ihren Kehlkopf entspannt ist.*

Meine 7 Mantren der guten Aufrichtung

1. Füße erden.
2. Knie locker.
3. Das Becken ist das Fundament unter der Wirbelsäule.
4. Bauchdecke loslassen.
5. Die Wirbelsäule von innen heraus aufrichten.
6. Die Kehle ist weit, die Kiefergelenke sind entspannt, die Zunge ruht.
7. Der Kopf schwebt über dem langen Nacken.

Wie gesagt, wenn Sie das erst einmal „im System" haben, geht diese Aufrichtung blitzschnell und Sie wollen nie wieder anders stehen.

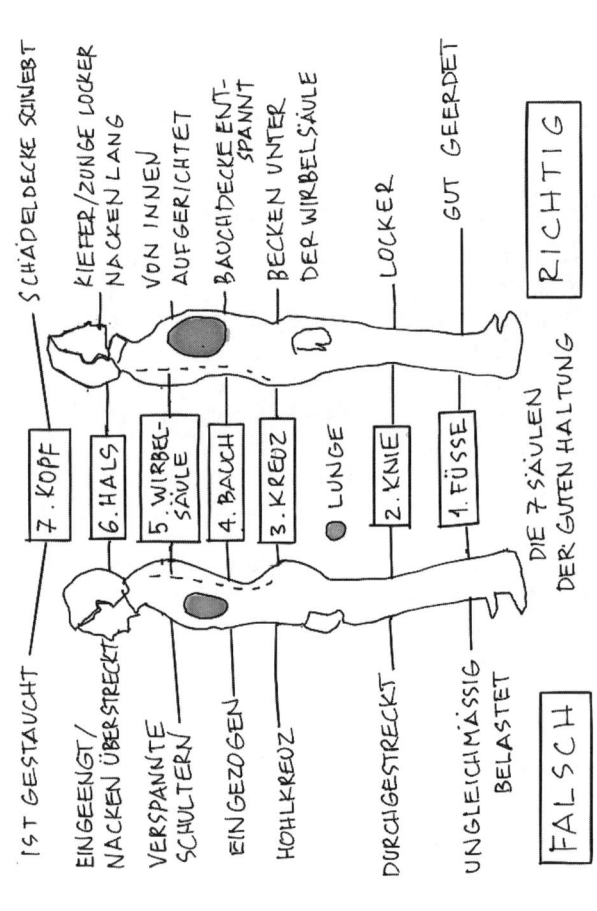

RICHTIG

SCHÄDELDECKE SCHWEBT
KIEFER/ZUNGE LOCKER
NACKEN LANG
VON INNEN AUFGERICHTET
BAUCHDECKE ENTSPANNT
BECKEN UNTER DER WIRBELSÄULE
LOCKER
GUT GEERDET

7. KOPF
6. HALS
5. WIRBELSÄULE
4. BAUCH
3. KREUZ
LUNGE
2. KNIE
1. FÜSSE

DIE 7 SÄULEN DER GUTEN HALTUNG

FALSCH

IST GESTAUCHT
EINGEENGT/ NACKEN ÜBERSTRECKT
VERSPANNTE SCHULTERN
EINGEZOGEN
HOHLKREUZ
DURCHGESTRECKT
UNGLEICHMÄSSIG BELASTET

Übung: Den Körper lockern und die Wirbelsäule aufrichten

Stehen Sie hüftbreit, gut „geerdet", spüren Sie den Kontakt Ihrer Füße mit dem Boden und recken Sie Ihre Arme gen Himmel. Dehnen und strecken Sie sich, gähnen Sie genüsslich und gerne mit Ton, dann lassen Sie die Arme sinken, rollen Sie langsam die Wirbelsäule nach vorne abwärts, bis Sie kopfüber hängen.

Nehmen Sie ein paar entspannte, tiefe Atemzüge, dann richten Sie sich Wirbel für Wirbel komplett wieder auf. Stellen Sie sich vor, dass sich Luftpolster zwischen jedem Wirbel befinden, sodass die Wirbelsäule von innen heraus, ohne äußere Muskulatur, aufgerichtet wird. Die Bauchdecke ist entspannt, der Atem fließt. Ihr Kopf schwebt, als wäre er der letzte Wirbel und so leicht wie ein Ballon. Entspannen Sie Ihre Kiefergelenke, atmen Sie durch den Mund. Schütteln Sie alles aus, dehnen und gähnen Sie wieder herzhaft und mit Ton.

Und hier möchte ich Ihnen neben dem Power Posing noch eine weitere körperliche Wahrnehmungsübung, eine sogenannte Präsenz-Übung, vorstellen: die Engelsflügel.

Diese Übung kommt aus der Eutonie, einer Lehre, die das Körperbewusstsein steigert und uns befähigt, über uns „hinauszuspüren", eine Erweiterung unseres Umraumes wahrzunehmen. Klingt etwas abgehoben, ist aber praxisbewährt und sehr hilfreich. Ich habe diese Übung in meinem Gesangsstudium von meiner Bewegungslehrerin gelernt, und nicht nur ich, sondern auch meine Klienten lieben sie, da ganz unmittelbar Haltung, Atem, Stimme, Kommunikationsbereitschaft und Raumgefühl davon profitieren.

Übung: Engelsflügel

Stellen Sie sich vor, dass Sie große Flügel haben: angewachsen an Ihren Schulterblättern, höher als Ihr Kopf, breiter als Ihre Schultern und fast bis auf den Boden reichend. Diese Flügel flattern nicht, sondern schwingen majestätisch mit all Ihren Bewegungen, auch während des Sprechens mit.

Wenn Sie nun mit diesen Flügeln gehen oder stehen, haben Sie im wahrsten Sinne des Wortes „Rückhalt". Sie sind aufgerichtet und Sie nehmen durch Ihre „vergrößerte" Silhouette mehr Raum ein. Ihre körperliche Schutzzone wird respektiert, es wird Ihnen Keiner „zu nahe auf die Pelle rücken".

Ihr Tempo wird ruhiger – erfreulicherweise auch Ihr Sprechtempo! Keine Sorge: Ihr Temperament bleibt! Aber unnötige Panik auf der „Bühne" vergeht oder kommt gar nicht erst auf. Sie gewinnen natürliche Souveränität und Ihre Persönlichkeit kann strahlen.

„Bühne" bedeutet für mich übrigens nicht notwendigerweise Theater- oder Rednerbühne, sondern jede Situation, in der Sie gehört und gesehen werden wollen. Von meinem Schauspiellehrer habe ich gelernt:

> „It's Showtime!", sobald dich mehr als zwei Augen anschauen!

„Showtime" meint natürlich nicht Entertainment um jeden Preis, sondern es bedeutet, es in Ordnung zu finden, angeschaut zu werden, vielleicht sogar es zu genießen. Und gutes Entertainment schadet selten …

Engelsflügel

Wirklich ausnahmslos alle Klienten, egal, aus welcher Branche, lieben die Engel-Übung. Ob in der Vorstandssitzung, bei der Präsentation, in einer Rede, am Telefon oder im Meeting: Sie funktioniert – auch im Sitzen! Wenn ich meine Klienten beim Vortrag oder Interview erlebe, spüre ich sehr genau, ob sie mit ihren Flügeln unterwegs sind oder ob sie sie vielleicht doch im Eifer des Geschehens vergessen haben.

Das Feedback auf diese Übung ist immer positiv, eine kuriose Rückmeldung möchte ich Ihnen nicht vorenthalten:

Beispiel: Engelsflügel auf dem Oktoberfest

Eine Klientin hat die Engelsflügel-Übung neulich ganz bewusst beim Besuch der „Wiesn", auf dem Oktoberfest, angewandt: Sie ist spät dran und auf dem Weg zu einem Firmentreffen in einem Bierzelt. Zumindest im Freien funktionieren die Flügel offenbar prima, d. h., die Leute machen ihr Platz und rempeln sie nicht an. Im überfüllten Bierzelt ist es dann schwieriger, aber immerhin ist sie pünktlich da …

Auf den Punkt gebracht

- Ein bewusster körperlicher Stand verschafft Ihnen Sicherheit.

- Sie stehen ökonomisch, d. h. ohne zu ermüden.

- Durch Ihre Haltung wirken Sie überzeugend und souverän.

- Sie nehmen mehr Raum ein und strahlen eine natürliche Autorität aus.

- Eine starke, selbstbewusste äußere Haltung bewirkt eine starke, selbstbewusste innere Haltung.

- Wenn der Körper mehr Raum einnimmt, tut das auch die Stimme. Ihr Atem und damit Ihre Stimme sind flexibel und frei.

Die 2. Säule der Stimme – die Atmung

> „Jedes Leben beginnt und endet mit einer Ausatmung."
> Carl Stough

Atmen – das Erste, was Sie in Ihrem Leben getan haben, und das Letzte, was Sie tun werden, ist atmen. Sie atmen: lebenserhaltend und immer. Meistens ohne darüber nachzudenken. Und das ist gut so. Trotzdem lohnt es sich, sich immer wieder bewusst mit dem eigenen Atem zu beschäftigen und ihn wahrzunehmen.

Ideal: die tiefe Bauchatmung

Vielleicht wundern Sie sich, dass die zweite Säule der Stimme der Atem ist. Atmen wir denn nicht mit und in die Lungen? Selbstverständlich. Aber: Ihre wichtigste Atemmuskulatur – das Zwerchfell und der korrespondierende Beckenboden – führt uns „eine Etage tiefer" zur tiefen Bauchatmung.

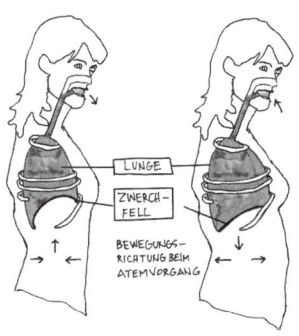

Aus- und Einatmen anatomisch betrachtet

Übung: Kann der Atem fließen?

„Brust raus, Bauch rein!" – ziehen Sie Ihren Bauch richtig fest ein und versuchen Sie tief ein- und auszuatmen. Schätzen Sie einmal: Wie viel Prozent Ihrer Lungenkapazität nutzen Sie? Wenn es ein Drittel ist, ist es viel. Sie kommen damit in die Hochatmung, d. h. die Atembewegung geht nicht nach unten in den Bauch und in den unteren Brustkorb, sondern der Brustkorb wird mit den Halsmuskeln bei jeder Einatmung nach oben gezogen (= Stressatmung).

Nun lassen Sie den Oberkörper richtig zusammensinken. Abgesehen davon, dass das nicht gerade vorteilhaft aussieht und Sie sich vermutlich nicht besonders dynamisch fühlen, quetschen Sie jetzt Ihre Rippen, Ihre Lungen und Ihr Zwerchfell ein. Wieder ist die Atmung behindert. Ein Grund mehr, die Wirbelsäule von innen heraus aufzurichten: Sie sehen besser aus, Sie fühlen sich besser und der Atem kann frei fließen. Damit erfahren Sie spürbar, dass Sie für eine freie Atmung nicht nur die Lungen benötigen, sondern auch das Zwerchfell und den Beckenboden.

Deswegen noch einmal: „Freiheit für die Bäuche!"

Das **Zwerchfell** ist unsere wichtigste Atemmuskulatur. Es verbindet den Brust- und den Bauchraum, es ist der „Fußboden" für Ihre Lungen und das Herz und die „Zimmerdecke" für alle anderen Organe wie Magen, Leber, Milz, Niere oder Darm.

Wir fühlen das Zwerchfell aber nicht direkt und können dessen (unbewusste) Bewegung auch nicht direkt beeinflussen, es sei denn durch bewusstes Atmen. Ganz verkürzt dargestellt, passiert bei der Ein- und Ausatmung Folgendes: Beim Einatmen senkt sich das Zwerchfell ab, zieht die Lungen mit sich, und diese füllen sich automatisch mit Sauerstoff. Die darunter liegenden Organe müssen Platz machen und deswegen dehnt sich die Bauchdecke nach außen aus. Beim Ausatmen dehnt sich das Zwerchfell nach oben aus, transportiert dadurch die Luft aus den Lungen, die Organe dürfen an ihren gewohnten Platz zurück und der Bauch bewegt sich wieder nach innen.

Circa 20.000-mal passiert das am Tag, circa 14-mal pro Minute. Und Ihr Zwerchfell legt dabei je nach Atemtiefe eine Strecke von mehreren hundert bis zu 2.000 (!) Metern zurück. Sie können also nichts Gesünderes tun, als tief in den Bauch zu atmen: Ihr Herz und Ihre Organe werden bewegt, „massiert" und mit Sauerstoff versorgt, Sie sorgen für Ihre innere Dynamik!

Zwerchfellbewegung

> Atem ist Stimme und Stimme ist Atem. Stimme ist hörbarer Ausatem.
> Eine freie Stimme braucht einen freien Atem.

Damit der Atem Ihr verlässlichster Partner wird, sollten Sie ihn auch wirklich wie Ihren Partner behandeln: seine Existenz nicht als selbstverständlich voraussetzen, sondern ihn immer wieder bewusst wahrnehmen und schätzen.

Übung: Den Atem wahrnehmen

Stehen oder sitzen Sie entspannt, richten Sie Ihre Wirbelsäule von innen heraus auf und legen Sie Ihre Hand auf Ihre Atemgegend, dort, wo Ihr Zwerchfell mit der Bauchdecke verbunden ist (zwischen Brustbein und Bauchnabel). Ihr Unterkiefer ist entspannt und leicht geöffnet. Denken Sie an ein leichtes Gähnen und lassen Sie Ihren Atem durch den Mund hinein- und hinausfließen. Nehmen Sie nun, ohne etwas hinzuzufügen oder zu erzwingen, Ihren Atem und die damit verbundene Bewegung wahr.

Eine meiner Lehrerinnen nannte es „die Zauberformel des Lebens":

> „Atem rein, Bauch raus; Atem raus, Bauch rein."

Der Dreiklang des Lebens: Einatmen – Ausatmen – Pause

So einfach und so wahr. Der Dreiklang des Lebens ist **Einatmen – Ausatmen – Pause**. Das ist auch Ihr ganz persönlicher, natürlicher Atemrhythmus.

Besondere Beachtung verdient diese kleine Pause. In ihr entsteht die Notwendigkeit, dass der Atem sich erneuern möchte, reflexartig,von selbst, der sogenannte „Lufthunger". Dieser Automatismus sorgt für die ständige Wiederholung des Dreiklangs des Lebens. Die Begründerin der berühmten Atemschule, Ilse Middendorf, hat dafür den Satz geprägt:

> „Es atmet mich". **!**

Auch beim Sprechen geschieht Einatmung automatisch, der sogenannte Sprechimpuls löst diesen kleinen Einatmer aus, verlässlich.

Übung: Sprechimpuls

- *Stellen Sie sich vor, Sie sehen einen guten Freund auf der anderen Straßenseite und Sie wollen ihn rufen. Automatisch atmen Sie ein.*
- *Stellen Sie sich vor, jemand überreicht Ihnen ein Geschenk und Sie bedanken sich. Auch dafür müssen Sie nicht bewusst einatmen.*
- *Dirigieren Sie einen Chor und geben Sie mit beiden Händen den Einsatz: Ihr Atem fällt von selbst ein beim Heben der Arme.*

Dieser Reflex funktioniert verlässlich in nonverbalen Zuwendungssituationen und genauso verlässlich auch beim Sprechen, denn Sprechen ist Kontakt und sollte Zuwendung sein. Sie müssen sich also nie um Ihren Atem kümmern und heftig einatmen, bevor Sie sprechen, sondern können darauf vertrauen, dass Sie immer genügend Luft zur Verfügung haben.

Übung: Atemvariationen

Atmen Sie aufmerksam und ungezwungen ein und aus. Denken Sie an frische Energie, wenn der Atem kommt, und an „Erleichterung", wenn Sie den Atem loslassen. Spüren Sie in der kleinen Atempause die Notwendigkeit entstehen, dass der Atem sich erneuern möchte, den sogenannten Lufthunger. Sie müssen nicht aktiv einatmen, der Atem kommt zu Ihnen, Sie „werden geatmet". Ihre Schultern und Ihr Brustkorb sind dabei aufgerichtet, aber locker und an der Atembewegung unbeteiligt.

Spielen Sie jetzt mit unterschiedlichen Atemimpulsen und Situationen. Denken Sie z. B. an:

- *einen heftigen Streit/extreme Wut,*
- *eine äußerst komische Situation,*
- *Ihre erste ernst gemeinte Liebeserklärung,*
- *ehrliche Trauer,*
- *den Beginn einer für Sie wichtigen Rede*
- *…*

Beobachten Sie sich dabei genau: Wie reagiert Ihr Atem?

Ihr Atem reagiert ganz unmittelbar auf Impulse und Gefühle, wenn er frei fließen darf und nicht muskulär oder emotional behindert wird.

Stimmvolumen durch entspannte Bauchdecke

Ein Schauspielkollege mit sehr viel Kamera-, aber bisher ohne Bühnenerfahrung wünscht sich mehr Volumen, Kraft und Durchhaltevermögen für seine Stimme. Er hat eine Thea-terrolle angeboten bekommen – und nun muss er nicht nur die „kleine Strecke" bis zur Kamera, sondern einen ganzen Theatersaal akustisch füllen können.

Allerdings ist er extrem stolz auf seinen Sixpack. Männliche Haltung und eine entspannte Bauchdecke sind für ihn zu-nächst ein Widerspruch in sich. Es ist ein längerer (Übungs-) Weg, aber inzwischen steht er durchaus männlich, weiterhin gut trainiert, aber entspannt, also mit entspannter Bauch-decke und mit großer Stimme auf der Bühne. Und auch seine Kamerapräsenz hat von der neuen Durchlässigkeit profitiert.

Auf den Punkt gebracht

- Eine natürliche, gute Aufrichtung ist die Voraussetzung für Ihren freien Atem.

- Ein frei fließender Atem ist die Voraussetzung für eine freie Stimme.

- Atem ist Stimme und Stimme ist Atem.

- Stimme ist hörbarer Ausatem.

- Um das Einatmen müssen Sie sich nicht kümmern, das geschieht reflexartig. Sie müssen nicht aktiv einatmen, „Sie werden geatmet".

- Ihr freier Atem spiegelt unmittelbar Ihre Emotionen.

Die 3. Säule der Stimme – aus der Mitte heraus

Sie kennen es sicher: das Gefühl, dass Sie oder jemand nicht „außer sich", sondern „bei sich" ist, zentriert und aus der Mitte heraus agiert. Und das erfordert zweierlei: Kontrolle **und** Loslassen. Ja, was denn nun, werden Sie sich jetzt fragen. Beides, und das sowohl muskulär als auch emotional!

Wie in den beiden ersten Säulen der Stimme beschrieben, ist es nicht die Aufgabe der großen Bauchmuskulatur, Ihren Brustkorb aufzurichten. Die Bauchmuskeln sollten vielmehr auf Ihre Atembewegungen weitestgehend entspannt reagieren dürfen.

Spannung und Entspannung

Und da das Wort **Entspannung** so oft verwendet wird und ein ziemlich strapazierter Begriff ist, möchte ich eines unbedingt klarstellen: Es geht hier nicht um Entspannung um der Entspannung willen, sondern um das Gegenteil von Verspannung. Spannung per se ist nichts Schlechtes, im Gegenteil: Wir brauchen Spannung, zum Beispiel die der Muskeln für unsere Aufrichtung, die des Zwerchfells für einen dynamischeren Atem, die der Stimmlippen für einen kräftigeren Ton, die des Denkens für mehr „Spannung", aber eben bitte aus der Entspannung heraus.

Entspannt ist nicht lasch!

Beispiel: Alltägliche Entspannung

Ralf, obere Führungskraft und Familienvater, ist mit seinem Leben, neudeutsch seiner Work-Life-Balance unzufrieden.

Ich empfehle ihm drei Dinge:

1. *die Bettkanten-Übung*
2. *eine Yogamatte im Büro und*
3. *Danke sagen.*

1. *Die Bettkanten-Übung bedeutet nichts anderes, als morgens nach den Aufwachen nicht gleich in die Routine, sprich das Funktionieren oder in die Kaffeetasse zu fallen, sondern im Sitzen (Bettkante) oder auch Stehen kurz innezuhalten und sich wahrzunehmen:*
   - *Wie geht es mir körperlich und mental?*
   - *Wie fühle ich mich?*
   - *Wie ist mein Atem?*

   Ohne Bewertung, sondern einfach nur Kontakt zu dem wichtigsten Menschen herstellen – zu sich selbst.

2. *Die Yogamatte im Büro ist ein liebevoller Sweet Reminder und bedeutet: Man darf sich etwas Gutes oder auch mal eine kleine Pause gönnen. Im besten Fall tatsächlich für ein paar Minuten darauf ablegen, Gewicht und Verantwortung abgeben und den eigenen Atem spüren.*

3. *Vor dem Einschlafen für drei Dinge des Tages Danke sagen. Selbst nach einem anstrengenden oder belanglosen Tag fallen einem drei Dinge ein, die es wert sind, sie dankbar wahrzunehmen.*

Ralf fühlt sich schon in der nächsten Stunde ohne extra Zeitaufwand für Übungseinheiten deutlich „entspannter".

Kontrolle und Loslassen: die reflektorische Atemergänzung

Erinnern Sie sich an den Dreiklang des Lebens? **Einatmen – Ausatmen – Pause**. Betrachten wir ihn nochmals unter dem Aspekt der Kontrolle und des Loslassens.

Schon das „richtige" Einatmen ist entscheidend für die Freiheit und Klangqualität Ihrer Stimme. Und Sie wissen inzwischen: Sie müssen wunderbarerweise nicht aktiv oder gar hektisch einatmen, Sie müssen nur loslassen, und zwar Ihre Bauchdecke. Und das passiert anfänglich mit Selbstkontrolle – und mit einer gewissen Übung dann von allein.

Übung: Atemergänzung I

Stehen oder sitzen Sie mit aufgerichteter Wirbelsäule und legen Sie eine Hand auf Ihre (entspannte) Bauchdecke. Atmen Sie ein langes fffffffffffff aus.

Spüren Sie, dass Ihre Bauchdecke langsam und kraftvoll nach innen gezogen wird (nicht aktiv einziehen!). Wenn Ihr Atem verbraucht ist, einfach zeitgleich Unterkiefer und Bauch entspannen und der Atem fällt schnell und unmittelbar ein (im Folgenden steht --- für „Bauchdecke loslassen, Atem fällt ein").

Üben Sie mehrfach hintereinander

ffffffffff ---

ffffffffff ---

ffffffffff ---

Vielleicht hilft Ihnen hierbei die Vorstellung, dass Ihr Atem in einem Fahrstuhl vom Erdgeschoss (Bauchraum) nach oben (Mund) fährt und, oben angekommen, für den nächsten Transport wieder ins Erdgeschoss saust.

Beim Sprechen und Singen ist die **Ausatmung** verlängert, wie bei ffffffffff ---, die **Einatmung** geschieht schnell und vollständig im Umfang der vorher abgegebenen Luft, durch den Mund!

Übung: Atemergänzung II

Nun sprechen Sie ein lang gezogenes

Fasssssssss --- (--- = Bauchdecke loslassen, Atem fällt ein)

Lassssssssss ---

Mussssssss ---

Nussssssss ---

Musssssssss ---

Nichtssssss ---

Kannnnnnn ---

Nichtssss --- musssss --- allessss --- kannn ---

Mit der Zeit werden Sie bemerken, dass Ihre **inneren** Bauchmuskeln, die sogenannten Core-Muskeln, kräftig mitarbeiten und gestärkt werden, ein schöner Nebeneffekt.

Wenn Sie sportlich unterwegs sind, dann stoppen Sie doch mal, wie lange Sie das scharfe sssssssss--- ausatmen können. 15, 20 Sekunden? Mit zunehmender Übung werden Sie sich auf 30 oder deutlich mehr Sekunden steigern, aber bitte nicht zu viel Ehrgeiz entwickeln!

Übung: Abspannen I

Diese Übung habe ich schon bei meiner allerersten Gesangslehrerin kennengelernt. Sie üben nun genau so wie in den Übungen oben, nur mit kürzeren Impulsen: Stützen Sie Ihre

Hände in die Taille, stellen Sie sich Ihre Geburtstagstorte vor und pusten Sie mit vielen kurzen, knackigen

fff ---, fff ---, fff ---, ….

die Kerzen aus. Merken Sie? Das können Sie ziemlich lange machen, denn Sie bekommen auch hier nach jedem fff --- automatisch so viel Luft wieder, wie Sie verbraucht haben. Im Fachjargon nennt man das „Abspannen" oder „reflektorische Atemergänzung".

*Und noch einmal und wirklich wichtig: Dieser Atemreflex funktioniert nicht über die Nasen-, sondern über die **Mundatmung**!*

Hier hilft vielleicht das Bild von der Tretpumpe für die Luftmatratze auf dem Campingplatz: je nach Trittstärke entweicht mal mehr, mal weniger Luft, die Pumpe federt in ihre Ausgangsform zurück und wird entsprechend wieder „aufgefüllt". Die Pumpe wird nicht atemlos …

Haben Sie beim fff --- fff --- fff --- die Bewegung Ihrer Taille unter Ihren Händen bemerkt? Die Bauchdecke wird durch die Zwerchfellbewegung beim Ausatmen kräftig nach innen gezogen und die Flanken weiten sich. Danach haben Sie vermutlich jedes Mal ganz automatisch die Bauchdecke losgelassen, der Kiefer hat sich leicht entspannt, während der Atem ganz von selbst (!) eingefallen ist. Idealerweise ist dieser einfallende Atem nicht zu hören (denken Sie wieder an ein leichtes Gähnen).

Jetzt probieren Sie das Gleiche einmal mit eingezogener, also angespannter, Bauchdecke oder schließen nach jedem fff --- den Mund. Sie werden das vermutlich nicht wirklich als organisch empfinden.

> **!** **Kommunikationsatmung ist Mundatmung.**
>
> Halten Sie also Ihren Kiefer während des Sprechens immer leicht geöffnet, so kann sich Ihr Atem durch den Mund rasch erneuern – das Einatmen durch die Nase würde definitiv zu lange dauern.

Dieses Abspannen der Bauchdecke funktioniert nicht nur beim knackigen fff ---, sondern auf jedem Laut des Alphabets, auf Konsonanten wie Vokalen.

Übung: Abspannen II

Probieren Sie aus:

Wie oben beschrieben bei

fff ---, fff ---, fff ---, …

nun ein scharfes sss ---:

sss ---, sss ---, sss ---, …

oder ksch --- (wie beim Verscheuchen):

ksch ---, ksch ---, ksch ---, …

oder pscht --- („sei leise!"):

pscht ---, pscht ---, pscht ---, …

*Bei jedem Laut federt die Bauchdecke nach innen (= Ausatmung) und entspannt **nach** dem Laut in die Ausgangslage (= Einatmung).*

Ein weiterer Klassiker zum Üben des Abspann-Reflexes im Sprechtraining ist die Kombination von drei sogenannten Explosivlauten:

p --- t --- k ---, p --- t --- k ---, p --- t --- k ---, …

Achten Sie bei dieser Übung darauf, dass Sie nach jedem (!) Konsonanten die Luft wieder einfallen lassen, nicht erst nach der 3er-Kombination.

*Wenn das gut geht, steigern Sie **langsam (!)** das Tempo.*

Nun fügen Sie Vokale a, e, i, o und u hinzu:

pa --- ta --- ka ---, pa --- ta --- ka ---, pa --- ta --- ka --- …

Auch hier fällt nach jedem Laut, in diesem Fall nach dem Vokal a, der Atem ein.

pe --- te --- ke --- …

pi --- ti --- ki --- …

po --- to --- ko--- …

pu --- tu --- ku --- …

Etwas mühsamer, aber lustiger wird es auf den Umlauten:

peu --- teu --- keu --- …

pau --- tau --- kau --- …

Das ist zugegebenerweise ermüdend, aber effektiv, ähnlich wie Fingerübungen auf dem Klavier, Koloraturen im Gesang oder Dribbel-Übungen beim Fußball …

Übung: Abspannen III

*Und genau so lassen Sie bitte beim Sprechen von einem Wort, Halb- oder ganzen Sätzen **nach** jedem Endlaut wieder die Bauchdecke los und den Atem einfallen:*

*Gu**t**! ---*

*Schö**n**! ---*

*J**a**! ---*

*Hall**o**! ---*

*Du d**a**! ---*

Wie geht's? ---

Auf gar keinen Fall! ---

Guten Abend! ---

Guten Abend, meine Damen und Herren! ---

Atem während des Sprechens ergänzen

Das sogenannte **Abspannen** (die reflektorische Atemergänzung) funktioniert **während** des Sprechens, aber nicht notwendigerweise erst beim Satzende oder beim Satzzeichen, sondern auch nach jeder Gedankeneinheit.

Durch diese „inspiratorischen" Pausen gewinnen Sie zweierlei: Sie müssen einen langen Satz nicht bis zum Punkt auf einem Atem „durchrattern", sondern Sie strukturieren Ihre Gedanken in sinnvolle Einheiten. Und Sie sind nie wieder atemlos beim Sprechen.

So können Sie z. B. entweder den Atem klassischerweise am Zeilenende einfallen lassen:

Der Mond ist aufgegangen ---,

die goldnen Sternlein prangen ---,

am Himmel hell und klar ---.

Oder, wenn Ihre Gedankeneinheit anders verläuft:

Der Mond ist aufgegangen ---,

die goldnen Sternlein prangen am Himmel ---,

hell und klar ---.

Das klingt unglaublich technisch, aber wenn das erst einmal in Ihrem System verankert ist, haben Sie mindestens zwei entscheidende Probleme beim Reden („Da verschlägts mir den Atem!", „Da bleibt mir die Luft weg!") abgeschafft: Atemlosigkeit und zu schnelles Redetempo!

Übung: Aufnahme

Heutzutage hat fast jeder ein Handy mit Aufnahmefunktion. Nehmen Sie sich immer wieder mal auf, entweder mit einem Übungstext oder den Texten, die bei Ihnen gerade beruflich anstehen. Und achten Sie darauf, dass Sie den Atem beim Sprechen immer wieder unhörbar (!) einfallen lassen. Ihr Einatmen sollte nicht zu hören sein, so viel Zeit muss sein!

Auch wenn Ihnen das anfangs merkwürdig vorkommt: Sie trainieren nicht nur die Abspannfunktion, sondern Sie gewöhnen sich an, in kleineren Einheiten zu sprechen statt in ellenlangen Bandwurmsätzen – und Ihr Sprechtempo wird ruhiger.

Mehr Ausdruck durch Abspannen

Elisabeth, Pressesprecherin eines Energiekonzerns hat ein echtes Problem: Ihre Stimme klingt flach, ist leise und sie spricht definitiv zu schnell. Das ist generell, aber vor allem in ihrer Funktion als Sprecherin vor kritischer Presse und Öffentlichkeit äußerst ungünstig.

Es braucht einige Sitzungen, um den Mechanismus des Abspannens wirklich so in ihr System zu integrieren, dass sie nicht mehr allzu sehr darüber nachdenken muss. Mit Erfolg: Bei der Moderation der letzten Pressekonferenz lässt sie zum ersten Mal in ihrem Leben bewusst die Bauchdecke immer wieder los und achtet darauf, dass kein hektisches Einatmen zu hören ist. – Kontrolle und Loslasen.

> *Ihre Rückmeldung im Stimmcoaching an mich: Sie selbst ist ruhiger, ihr Sprechtempo ist langsamer, die Stimme kräftiger und tiefer, die Rede strukturierter und durch „inspiratorische" Pausen verständlicher. Fazit: Sie wird „gehört".*

Wie Sie im vorherigen Kapitel bereits ausprobieren konnten, geraten Sie automatisch in die sogenannte Hochatmung, d.h. Stressatmung, wenn die Bauchdecke fest ist oder aus purer Gewohnheit eingezogen wird. Sie nutzen dann nur einen Teil Ihrer Lungenkapazität, geraten in Atemnot, atmen immer mehr ein, sodass der Druck immer größer wird und Ihre Stimme immer höher und gepresster klingt. Der Stresspegel steigt, der Kopf droht zu platzen, Sie befürchten, Ihren Text zu vergessen … – bis hin zum berühmten Blackout.

Da hilft nur: ausatmen! Eine der wichtigsten Regeln für alle Menschen, die überzeugend kommunizieren wollen ist: ausatmen!

Vor der Rede: ausatmen

Atmen Sie vor Ihrem Redebeginn nicht aktiv oder gar hektisch ein, sondern wie oben beschrieben aus: Mund leicht geöffnet, Bauchdecke loslassen und freuen Sie sich auf Ihren Auftritt. Der ist weder für Sie noch für Ihr Publikum eine Zumutung, sondern ein Geschenk!

Damit kommen wir zu einem weiteren wichtigen Thema: dem Lampenfieber.

Was tun bei Lampenfieber?

> „Das Podium ist eine merkwürdige Sache, da steht der
> Mensch nackter als im Sonnenbad."
> Kurt Tucholsky

Auch und gerade beim Lampenfieber lautet die goldene Regel: ausatmen!

Bei Stress, Lampenfieber, Unsicherheit und Angst blockieren die Knie. Die Bauch-, die Gesäßmuskeln und die Muskulatur des Beckenbodens werden fest, und Ihr Einatem landet im Brustkorb. Der Ausatem – und Stimme ist ja hörbarer Ausatem – wird gepresst und flach. Vor lauter Verzweiflung atmen Sie noch mehr ein, versuchen lauter zu werden, was die Stimme noch enger und höher werden lässt. Oder Sie werden vor lauter Unsicherheit ob des Klangergebnisses immer leiser, das alles wiederum verstärkt den Stress – ein Teufelskreis.

Bedenken Sie: Lampenfieber bringt Sie nicht um, und der Boden wird sich nicht auftun und Sie verschlingen. Lampenfieber ist per se nichts Schlimmes, solange es Sie nicht behindert. Lampenfieber erhöht Ihren Adrenalinspiegel und damit Ihre Konzentration. Und es vergeht. Meistens verlässlich nach den ersten Sätzen oder Minuten.

Lampenfieber statt Lampenangst

Lampen**fieber** ist nicht nur in Ordnung, es gehört zu einem guten Auftritt durchaus dazu! Nur Lampen**angst** ist hinderlich. Verwandeln Sie die Lampenangst in motivierendes Lampenfieber. Und noch etwas: Lampenfieber empfinden Sie selbst viel stärker als Ihre Zuhörer!

Bei uns Schauspielern gibt es einen alten Spruch: Wenn Du kein Lampenfieber mehr hast, hör auf!

Lampenfieber

Und noch ein alter Spruch: In drei Institutionen ist die Hierarchie fast wichtiger als alles andere: Kirche, Militär und Theater. Das lässt sich sicher um viele andere ergänzen …

Beispiel: Lampenangst

Im Theater wirken die Gesetze der Hierarchie stark, und im schlechten Falle bewirken sie Angst. Ich habe sie im Theater oft gespürt. Bei meinem ersten Engagement gab es eine Person ziemlich weit oben in dieser Hierarchie, eine „graue Eminenz". Und ich wusste, dass sie mich nicht mochte, warum auch immer. Weder als Mensch, noch als Künstlerin.

Sie hat einen festen Platz in der sogenannten Intendanten-Loge. Und sie versteht es auch, während (!) einer Vorstellung wirkungsvoll in dieser Loge Platz zu nehmen. Dann passiert zuverlässig bei mir auf der Bühne Folgendes: Nervosität stellt sich ein, ich gerate unter Druck.

Ich kann meinen Auftritt nicht mehr als beiderseitiges Geschenk für das Publikum und mich begreifen, sondern ich will gefallen, „gut" sein, was generell eine blöde Idee ist. Und ich zweifle gleichzeitig an mir und meiner Darbietung. Ich bin nicht „bei mir", sondern „außer mir", mein Atem und damit meine Stimme werden fest und mein Einlassen auf den Moment ist behindert …

Ich habe mich (zu) oft behindern lassen. Angst ist nicht immer ein schlechter Berater, aber auf der Bühne ganz sicher.

Heute habe ich begriffen: Es ist meine Entscheidung! Und ich kann mich entscheiden, im Leben wie auch auf der Bühne, keine Angst mehr, sondern Freude zu haben!

Eine gute inhaltliche Vorbereitung, eine gute Atemtechnik, stimmliche Aufwärmübungen, Bewegung und körperliches Selbstbewusstsein (Power Posing, Engelflügel), aber auch die Technik des Visualisierens helfen gegen die Lampenangst:

Übung: Einen grandiosen Auftritt visualisieren

Schließen Sie Ihre Augen und entspannen Sie sich. Stellen Sie sich ganz konkret Ihre Redesituation vor:

- **Hören** Sie dann den Applaus,
- **sehen** Sie die zufriedenen Gesichter Ihrer Zuhörer und
- **spüren** Sie das Glücksgefühl, das sich in Ihnen ausbreitet.

Es gibt viele unterschiedliche Methoden der Visualisierung, und ich kenne keinen guten Schauspieler, Musiker, Redner oder auch Sportler, der diese Technik nicht anwendet.

Und: Üben Sie Ihre Rede, Ihre Präsentation, Ihren Vortrag, und zwar **laut**! So können Sie das Lampenfieber in Lampen**freude** verwandeln!

Entwickeln Sie Lampenfreude

Lampen**angst** ist für die „Bühne" hinderlich. Lampen**fieber** gehört dazu. Und Lampen**freude** lässt sich nicht nur lernen, sondern bereitet Ihnen und Ihrem Publikum das angemessene Vergnügen. Sie sind ein Geschenk für Ihr Publikum und keine Zumutung! Es sei denn, Sie wollen eine sein …!

Übung: Lampenangst in Lampenfreude verwandeln

Wenn Sie unter Lampenfieber leiden, konzentrieren Sie sich vor Ihrem Auftritt oder Ihrer Rede auf den Moment und sich selbst. Fragen Sie sich:

- *Bin ich „selbstbewusst" im wörtlichen Sinn (= mir meiner selbst bewusst)?*
- *Bin ich „aufrichtig" (gute Aufrichtung der Wirbelsäule von innen, Knie gelöst)?*
- *Ist mein Kiefer leicht geöffnet (Kommunikationsöffnung)?*

Jetzt nehmen Sie aktiv Einfluss auf den Moment. Aktivieren Sie Ihre positive Stimme:

- *Atmen Sie aus und lassen Sie dann die Bauchdecke los!*
- *Denken Sie wohlwollend an Ihr Gegenüber, Ihr Publikum, **freuen** Sie sich über Ihre Zuhörer.*
- *Visualisieren Sie das Glücksgefühl nach Ihrem tollen Auftritt.*

- *Strecken Sie beide Arme nach oben in eine Siegerpose (Power Posing) und atmen Sie tief ein und aus, gerne auch dabei tönen. Am besten, Sie sprechen ein paar Sätze Ihrer Rede laut.*

- *Und nun freuen Sie sich auf Ihren Auftritt, Ihre Show!*

Auf den Punkt gebracht

- Sie sind sich Ihrer selbst bewusst.

- Sie üben Kontrolle aus, indem Sie (Ihre Bauchdecke) loslassen.

- Das Zauberwort heißt (Aus-)Atmen.

- Kommunikationsatmung ist die Mundatmung, der Atem erneuert sich **während** des Sprechens immer wieder durch den Mund.

- Lampenfieber ist kein unbezwingbarer Feind.

- Verwandeln Sie behindernde Lampen**angst** in motivierendes Lampen**fieber** oder sogar Lampen**freude**!

Die 4. Säule der Stimme – der Klang

Nun stehen Sie also wunderbar aufgerichtet, und Ihr Atem fließt … Sie wollen aber nicht nur stehen und atmen, sondern sprechen. Erinnern Sie sich? Sprechen ist hörbarer Ausatem. Also müssen Sie Ihren Atem in **Klang** verwandeln. Damit ein Ton oder ein gesprochenes Wort Ihre Kehle verlässt, leistet Ihr Körper Schwerstarbeit.

Wie die Stimme funktioniert

Am Anfang war … der Impuls! Wenn Sie ruhig atmen, ist Ihre Stimmritze geöffnet.

Wenn nun ein Ton entstehen soll, muss als Allererstes ein Impuls Ihre Stimmlippen (umgangssprachlich: Stimmbänder) dazu bringen, sich zu schließen – sei es eine Idee, ein Gedanke, eine Frage, eine Situation oder eine Emotion.

Der ausgehende Atem versetzt die Stimmlippen in Schwingung und der noch nicht sehr beeindruckende Primärton entsteht. Diese Schallwellen gelangen nun in Ihre Resonanzräume und werden dort verstärkt. Ihre Resonanzräume sind Brust-, Rachen-, Mund- und Nasenraum und alle wunderbaren Höhlen Ihres Schädels (wie z. B. die Neben-, Kiefer- und Stirnhöhlen).

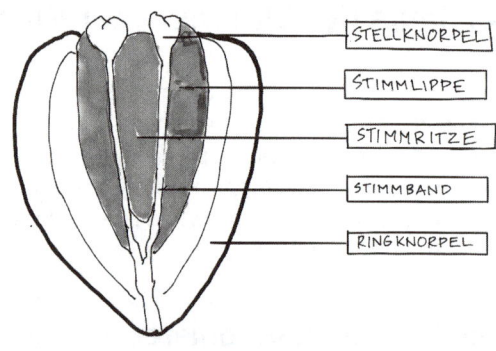

STELLKNORPEL

STIMMLIPPE

STIMMRITZE

STIMMBAND

RINGKNORPEL

Der Stimmapparat

> **!** Ihre Stimme ist einzigartig, es gibt sie nur einmal auf der Welt!

Damit Ihr Klangstrom zu Sprache wird, muss er mithilfe Ihrer Lippen, der Zunge und verschiedener Artikulationsflächen (z.B. Zunge, Lippen, Gaumen, Zahndamm, Zähne …) zu Vokalen und Konsonanten geformt werden.

Ihr individueller Stimmklang ist einerseits anatomisch bedingt. Die Größe des Kehlkopfes sowie die Länge und Spannung der Stimmbänder entscheiden über Tonhöhe und Lautstärke. Andererseits leuchtet es ein, dass Resonanz (lat. resonare = wider-, zurückklingen) sich am besten in klar definierten Hohlräumen, Knochen und wohl gespannten Muskeln entwickeln kann.

Je mehr Sie sich Ihrer Resonanzräume durch Training bewusst werden und je besser Sie sie nutzen, desto klangvoller und voluminöser wird Ihre Stimme (Klangoptimierung). Je

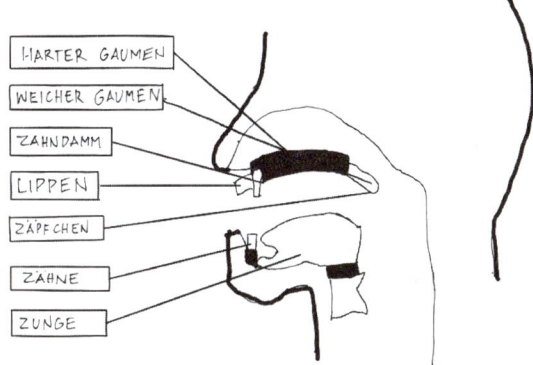

Die Artikulationsorgane

präziser und entspannter (!) die Muskulaturen Ihrer „Sprechwerkzeuge" koordiniert zusammenarbeiten, umso ökonomischer und deutlicher sprechen Sie (Lautoptimierung).

Übung: Resonanz spüren

Summen ist generell wie Wellness für Ihre Stimme. Machen Sie es sich zur Angewohnheit, so viel und so klangvoll wie möglich zu summen: unter der Dusche, im Auto, im Lift …

Summen Sie bitte nicht laut, sondern warm und voll. Die Lippen liegen dabei locker aufeinander, zwischen Ihren Zähnen ist Platz und Ihre Zunge ist entspannt.

Legen Sie Ihre Hände auf verschiedene Stellen Ihres Schädels. Wo überall können Sie Schwingungen spüren? An der Stirn, neben der Nase, am Oberkopf, am Hinterkopf, am Kiefer …?

Und wo noch? Im Nacken, Schlüsselbein, Brustbein …

Geübte Sänger, aber auch Redner spüren beim Singen oder Sprechen diese Eigenresonanz der Knochen in ihrem ganzen Instrument, von der Schädeldecke bis zu den Fußknochen – und können mit dieser vollen Resonanz ganz unangestrengt auch große Räume füllen.

Übung: Vokale summen

Summen Sie nun einen vollen Ton in entspannter Lage. Ihre Lippen bleiben geschlossen und bilden eine leichte Schnute. Summen Sie nacheinander die Vokale a-e-i-o-u. Dabei formt sich nur Ihre Zunge im Mundraum um.

Und nun noch eine uralte, sehr bewährte und sehr beliebte Aufwärmübung, die Sie nicht auf, aber hinter oder neben jeder Opern-, Schauspiel- und Rednerbühne hören (im letzten Fall zumindest dann, wenn die Kollegen mit mir gearbeitet haben …):

Übung: Stimmaufzug (manchmal auch gemeinerweise „Sirene" genannt)

Stellen Sie sich vor, Sie haben ein Stimmhaus. Ein wunderschönes, großzügiges, mehrstöckiges Haus. Der Keller ist Ihr tiefster und das Dachgeschoss Ihr höchster Ton. Summen Sie nun auf mmmmm –- vom Keller bis ins Dachgeschoss (man könnte auch sagen: von der Bruststimme in die Kopfstimme) und zurück.

Erschrecken Sie bitte nicht, wenn es zwischendurch kracht und rumpelt: Ihre Stimmlippen sind dann vermutlich an einigen Stellen nicht trainiert. Und nicht geübt, überhaupt mal in dieses unbekannte Terrain des Dachgeschosses = Höhen vorzudringen. Aber all das gehört zu Ihrer Stimme!

Auch wenn Sie diese Stimmhöhen im Alltag nicht brauchen: Wenn Sie diese, zugegebenerweise etwas exaltierte, Stimmlage mittrainieren, wird die Muskulatur Ihrer Stimmlippen durchblutet, Ihre Stimme wird belastbarer und sie bekommt mehr „Glanz".

Jetzt haben Sie eine Idee davon, wie wunderbar die Natur es eingerichtet hat, dass unsere Stimm- und Sprechorgane wie Kehle, Rachen, Lippen, Zunge und Mundraum nicht nur der Nahrungsaufnahme dienen, sondern auch unmittelbar für das, was uns Menschen (hoffentlich) auszeichnet: die **zwischenmenschliche, verbale Kommunikation**. Aber leider gelingt das nicht immer.

Warum die Stimme (manchmal) nicht funktioniert

Es gibt verschiedene Dinge, die verhindern, dass die Stimme sich nicht optimal entfalten kann, z. B.

- angeborene, anatomisch bedingte Fehlfunktionen (eher selten),
- Krankheit (akut und/oder chronisch) oder
- funktionale Störungen.

Funktionale Störungen sind oft erworben und werden zu Angewohnheiten durch **äußere Umstände**, wie z. B.:

- körperliche Fehlhaltungen (siehe 1. Säule der Stimme)
- Dauerbelastung der Stimme durch den Beruf (Erzieher, Lehrer, Angestellte in Callcentern, Verkäufer, Politiker, Pfarrer, Moderatoren, Redner, Sänger, Schauspieler …

die Liste ließe sich beliebig erweitern und nicht nur die Letztgenannten sollten es eigentlich gelernt haben! Und fragen Sie mich bitte nicht, warum das nicht ein Schulfach von Anfang an für alle ist …)

- die akustische Situation (ständiger Geräuschpegel)

- die lokale Situation (z. B. trockene Luft, Klimaanlage)

Neben äußeren Umständen können auch verschiedenste **innere Umstände** die Stimmfunktion stören, z. B.:

- Stress, Nervosität (Lampenfieber, Prüfungsangst) (siehe vorheriges Kapitel)

- psychische Belastungen (Traumata, die sich auch körperlich manifestieren: „Das sitzt mir in den Knochen!")

- Auswirkungen der Erziehung („Nicht in diesem Ton!", „Liebe Mädchen schreien nicht!", „Warte, bis die Erwachsenen ausgeredet haben!"…)

- soziales Umfeld (Status, Abhängigkeiten, Angst)

> ### Beispiel: Unter Wert verkauft
>
> *Im vorherigen Kapitel ging es ja schon um **behinderndes** Lampenfieber. Wie oft habe ich erlebt, dass sich Kollegen oder auch meine Studenten bei einem Casting, Vorsprechen oder Vorsingen weit unter Wert verkauft haben, einfach weil die Nerven nicht mitgemacht haben. Ich kenne viele wirklich hervorragende Schauspieler und Sänger, die daran gescheitert sind oder nicht die Karriere machen, die sie verdienen. Und umgekehrt gibt es Kollegen, die sich selbst so großartig finden, dass jede Form von Selbstzweifel gar nicht erst aufkommt. Das ist zwar für sie selbst hilfreich, macht aber die Zusammenarbeit mit ihnen extrem schwierig.*

Ihr Stimmklang – im Brustton der Überzeugung

Bestimmt fällt Ihnen eine Person ein, der Sie besonders gerne zuhören: ein Freund mit einer besonders angenehmen Stimmlage oder vielleicht auch ein Schauspieler oder Moderator, der Ihnen mit seiner Stimme in Erinnerung geblieben ist. Doch was macht einen angenehmen Stimmklang aus?

Auf diese Frage herrscht in meinen Seminaren meistens Einigkeit: eher tief, voll und warm, entspannt und trotzdem aktivierend und motivierend. Und das ist – wie wir bereits gesehen haben – nicht nur ein Geschenk der Natur oder Hexerei, sondern in großem Maße auch erlernbar.

Der Eigenton

Das führt uns zu einem wichtigen Thema und einem Klassiker des Stimmtrainings: zu Ihrem **Eigenton**. Jeder Mensch hat seinen ganz individuellen Eigenton, auch „Indifferenzlage" oder „Wohlfühllage" genannt. Er heißt so, weil er Ihr „Eigen" ist, er gehört nur Ihnen! Sie sind emotional eher entspannt, fühlen sich entsprechend wohl und sprechen entspannt in dieser eher tiefen, sogenannten Wohlfühllage. Dieser Eigenton liegt immer im unteren Drittel Ihrer Sprechstimme und umfasst nicht nur einen Ton, sondern ungefähr eine große Terz. Nun heißt das bitte nicht, dass Sie Ihre Stimme künstlich „runterdrücken" oder nur auf einem Ton sprechen sollen – das wird monoton und Ihre Zuhörer und Sie selbst schlafen ein. Aber nehmen Sie diesen Tonlage beim Sprechen immer wieder als Referenz.

! *Rednern, die in der Wohlfühllage sprechen, hört man gerne zu*

Wenn Sie eine Stimme als besonders angenehm empfinden und denken: „Dem/Der könnte ich stundenlang zuhören", können Sie sicher sein, dass dieser Mensch Sie immer wieder seinen Eigenton hören lässt und in seiner Wohlfühllage spricht. In dieser Lage fühlt sich sowohl der Redner wohl, weil seine Stimmlippen am entspanntesten und ökonomischsten schwingen, als auch der Zuhörer, weil der Klang einfach „stimmt".

Viele Menschen, vor allem Frauen, haben sich eine zu hohe Sprechlage angewöhnt, aus den unterschiedlichsten Gründen: z.B. körperliche gewohnheitsmäßige Verspannungen, die den Atem und die Resonanzräume behindern. Aber auch psychologische Gründe spielen eine Rolle, wenn ein bestimmtes Selbstbild bedient wird (lieber nett als dominant, nicht auffallen wollen, „ich bin eh zu dumm, nicht wichtig genug", klischeehaftes Weibchenverhalten, „Papas Liebling" …) Das kann für junge Mädchen funktionieren und in bestimmten Situationen ist so ein „Flöten" vielleicht auch hilfreich, z.B. beim Winterreifenwechsel …

Aber mit zunehmendem Alter und wachsendem beruflichen Status wird man Frauen mit diesen Piepsstimmen ihre Kompetenz absprechen. Zumal, wenn sie bei Stress laut und sirenenhaft schrill werden.

Beispiel: Karrierekiller Piepsstimme

Kennen Sie den Film „The Iron Lady" mit Meryl Streep als Maggie Thatcher? Da gibt es eine wunderbare Szene, in der

> *die Premierministerin in spe von einem Stimmtrainer richtig „nach unten" und lauter trainiert wird.*
>
> *Das ist historisch verbrieft: Maggie Thatcher hätte es mit ihrer hohen, fast schrillen Stimme in der ausschließlich von Männern dominierten politischen Welt sonst nicht bis ganz nach oben geschafft.*

Seltener gibt es gewohnheitsmäßig zu tiefe Sprechlagen, den sogenannten „Strohbass". Das ist dann ein etwas grummeliger, eher verhauchter als klarer Stimmklang. Oft steckt eine scheinbare Coolness dahinter, manchmal auch Schüchternheit. Diese Stimmen klingen zwar entspannt, aber nicht zielgerichtet und selbstbewusst.

Zu tiefer Eigenton

Ernst, Manager, ein kräftiger, großer Mann, kommt mit belasteter, fast heiserer Stimme zu mir. Wir stellen fest, dass er sich eine zu tiefe Stimmlage angewöhnt hat. Die verhauchte Stimme ist nicht unangenehm, macht ihn aber „nicht greifbar". Er wirkt nicht authentisch, es ist seinen Gesprächspartnern, wenn auch nur unbewusst klar, dass die Stimmlage nicht echt ist und er nicht „Position bezieht".

Nachdem er seinen etwas höheren, sehr viel resonanzreicheren Eigenton gefunden hat, ist er einerseits begeistert, weil das Reden nun viel müheloser ist. Andererseits hat er Bedenken, „aufdringlich" zu wirken. Seine Stimme transportiert nun direkt seine Meinung und seine Gefühle, ohne sich hinter einem tieferen, verhauchten Ton zu verstecken. Dies erfordert natürlich auch Mut.

Erst die Frage seines Abteilungsleiters, ob er das Rauchen aufgehört habe, seine Stimme klinge so klar, hat ihn überzeugt. Das Rauchen hat er inzwischen auch tatsächlich aufgegeben.

Ihren Eigenton finden Sie am zuverlässigsten und effektivsten mit Ihrem Stimmtrainer, aber probieren Sie es doch mal selbst aus:

Übung: Ihren Eigenton finden

Wichtig ist, dass Ihre Stimme bei dieser Übung „indifferent", also relativ emotionslos, ohne Ehrgeiz oder Absicht, eben entspannt ist.

Summen Sie genussvoll mmmmm ---, mit entspannter Zunge und viel Platz zwischen den Zähnen. Denken Sie dabei an Gähnen. Jetzt öffnen und schließen Sie Ihre Lippen und tönen dabei mmmamamamammm ---.

Nun ein eher nachdenkliches Zustimmen, im Sinne von: mmm --- („Da haben Sie recht.") oder am Telefon: mmm --- („Ich bin noch dran, ich höre zu.").

Nun äußern Sie verbale Zustimmung und sagen immer noch genauso entspannt, fast gelangweilt:

jajaja ---

Zählen Sie dann ganz gemütlich und auf einem Atem von eins bis fünf:

Eins-zwei-drei-vier-fünf ---

Nun noch einmal, ähnlich wie oben, ein genüssliches mmmmm ---.

Legen Sie Ihre Hand auf Ihr Brustbein und fühlen Sie die Vibrationen dort. Fügen Sie ein J hinzu mmmmjammjammjamm --- und ergänzen Sie das noch mit Ihrer Lieblingsköstlichkeit, z. B.:

mmmmjammjammjamm-Lasagne ---!

mmmmjammjammjamm-Champagner ---!

mmmmjammjammjamm-Schokolade ---!

Achtung: Lassen Sie immer etwas Platz zwischen Ihren Zähnen!

Spüren Sie die schöne, sonore Schwingung? Bei Worten, die lange A- und O-Laute enthalten, klappt das besonders gut. Aber auch mit scheinbar nicht so naheliegenden Worten geht das:

mmmmjammjammjamm-Kopfsalat ---!

mmmmjammjammjamm-superblöde Idee ---!

mmmmjammjammjamm-Hygienevorschrift ---!

Kommt Ihnen das ungewohnt tief vor? Sie haben gerade in Ihrer „Wohlfühllage" gesprochen, sie befindet sich wie erwähnt im unteren Drittel Ihrer Sprechstimme.

Übung: Einen Übungstext sprechen

Wiederholen Sie

mmmm ---, mmmamamamammm ---, mmm ---, jajaja ---, eins-zwei-drei-vier-fünf ---, mmmmjammjammjamm-Rotweinkuchen ---! usw. Jetzt gähnen Sie herzhaft, aber entspannt, spüren Sie die Weite in Ihrer Kehle und schicken einen Ton hinein: haaaaaaaa ---.

Und zum Schluss sprechen Sie mit Ihrem Eigenton (nicht gelangweilt, aber entspannt und gerne immer noch mit der Hand auf dem Brustbein) einen Übungstext oder folgendes, dafür wunderbar geeignetes Gedicht:

> *Schläft ein Lied in allen Dingen,*
> *die da träumen fort und fort,*
> *und die Welt hebt an zu singen,*
> *triffst Du nur das Zauberwort.*
>
> *(Joseph von Eichendorff)*

Ich empfehle Ihnen, diese Übungen **wirklich oft** zu machen, und unbedingt vor einer wichtigen Redesituation. Je öfter Sie Ihren „Eigenton" bewusst aufsuchen, umso mehr gewöhnen sich Ihre Stimmlippen an diese wohlige Lage und das unangestrengte resonanzreiche Sprechen. Sie verfügen über eine entspannte Stimme mit warmem Stimmklang und mehr Volumen, die Gelassenheit, Ruhe und Kompetenz ausstrahlt. Eine Stimme die Ihnen und Ihren Zuhörern guttut und souverän „rüberkommt"!

Auf den Punkt gebracht

- Sie spüren: Ihr Körper ist Ihr Instrument.
- Sie lernen Ihren Eigenton, Ihre Wohlfühllage kennen.
- Durch Summen und Übungen in Ihrer „Wohlfühllage" wird Ihre Stimme voluminöser und Ihr Stimmklang wärmer.
- Ihre Stimme fängt langsam an, Ihnen Spaß zu machen.

Die 5. Säule der Stimme – der Stimmkanal

> „In der Ökonomie, mit der Worte geformt werden, liegt die Genauigkeit, mit der sie Gedanken verwirklichen."
> Kristin Linklater

Gehen wir davon aus, dass Sie die möglichen Klippen, die sich in den letzten Kapiteln aufgetan haben, erfolgreich umschifft haben, dann würde ich Sie jetzt im Idealfall so vor mir sehen:

- Sie stehen locker und souverän aufgerichtet.
- Ihr Atem ist Ihnen bestens vertraut und fließt frei.
- Ihre wichtigste Atemmuskulatur, das Zwerchfell, arbeitet unverkrampft.
- Das Lampenfieber ist für Sie kein Feind mehr.
- Ihr Stimmklang entwickelt sich in Ihren Resonanzräumen optimal, Sie kennen Ihren Eigenton und Ihre Stimme klingt voll und angenehm.

Dann ist doch alles gut, oder? Einerseits: Ja, denn Sie haben bis hierher schon eine Menge Gutes für sich und Ihre Stimmpersönlichkeit getan. Andererseits: Es gibt noch ein paar Stolpersteine, die Sie zumindest kennen sollten, um sie dann möglichst umgehen zu können.

Wenn Ihre Stimme und Sprache trotz der oben genannten guten Voraussetzungen eng, fest, undeutlich, knödelig oder nasal ist, kurz: immer noch nicht frei und angenehm klingt, dann gibt es Probleme im „Stimmkanal". Damit bezeichnet man die Passage, durch die Ihr Klang hindurchgeht („passiert") und zu Worten geformt wird: Der „Stimmkanal" beinhaltet drei Bereiche:

- den **Kiefer**,

- die **Zunge** und

- den **weichen Gaumen**.

Wenn Verspannungen in einem dieser drei Bereiche bestehen, wirkt sich das leider negativ auf die anderen aus:

- Wenn der Kiefer klemmt und Sie „die Zähne nicht auseinanderkriegen", wird Ihr Klang fest und die Sprache undeutlich.

- Wenn die Zunge verspannt oder umgekehrt unter-spannt ist, haben Sie den berühmten „Knoten in der Zunge" oder Sie nuscheln.

- Wenn Ihr weicher Gaumen untrainiert wie ein schwerer Vorhang „herunterhängt" und so Ihren ausströmenden Klang, also Ihre Stimme behindert, besteht die Gefahr, dass der Klang in die Nase wandert. Eine nasale Stimme ist nicht wirklich schön, und bei vermehrtem Druck wird daraus eine Quäkstimme, gut zu hören, aber enervierend.

Für die meisten meiner Klienten sind die Übungen für den Stimmkanal, also Kiefer, Zunge und weicher Gaumen, ein Aha-Erlebnis und bringen den gewünschten Erfolg.

Der Kiefer

Wie geht es Ihrem Kiefer? Gehören Sie zu den Menschen, die Ärger „hinunterschlucken"? Glauben Sie, sich „durchbeißen" oder „die Zähne zusammenbeißen" zu müssen? Knirschen Sie nachts mit den Zähnen oder beißen Sie die Zähne fest aufeinander und wachen Sie morgens mit verspanntem Kiefer auf?

Wenn ja: Trösten Sie sich, Sie sind nicht allein. Mindestens 80 Prozent meiner Klienten bezeichnen ihren Kiefer als verspannt. Und bedenken Sie: Ihr Kiefer macht das nicht, um Sie zu ärgern, sondern um Sie zu „schützen".

Wenn Sie wie oben beschrieben Ihre Emotionen nicht zulassen oder zeigen, sind Sie auch (scheinbar) weniger verletzlich. Tatsächlich „riskieren" Sie mit einem entspannten Stimmkanal nur eines: dass Ihre Stimme frei und Ihre Emotionen hörbar werden, Sie also als authentisch wahrgenommen werden.

Doch wenn Sie gelernt haben, Ihre Kiefergelenke zu entspannen und auch beim Sprechen entspannt zu lassen, wollen Sie dieses Gefühl nicht mehr hergeben. Ich behaupte sogar, dass ein entspannter Kiefer die Lebensqualität ganz drastisch erhöht!

Entspannt schlafen ohne Zähneknirschen

Christine, eine Architektin, kommt mit einer kleinen, undeutlichen und belasteten Stimme zu mir. Im Gespräch erzählt sie, dass sie seit vielen Jahren Probleme durch ihr nächtliches Zähneknirschen hat und ihr Zahnarzt deswegen eine sogenannte Aufbissschiene verordnet hat.

> *Nachdem Christine bei mir die Kiefer-Entspannungs-Übungen kennengelernt hat, empfindet sie sich nach einiger Zeit täglicher Wahrnehmung und Übung nicht mehr so „verbissen". Sie wacht morgens entspannter auf, ihr Stimmklang ist voller und ihre Artikulation deutlicher. Außerdem ist auch ihre Mimik durchaus vorteilhaft entspannt. Sogar ihr Zahnarzt und ihr Zahnschmelz danken es ihr. Und ihre Aufbissschiene ist sie los.*

Allein der sensible Kieferbereich lohnt den Weg zu einem/einer guten Stimmtrainer(in). Im Folgenden möchte ich Ihnen aber wenigstens eine Übung an die Hand geben, damit Sie bei Bedarf schon mal beginnen können, beim Sprechen „die Zähne auseinanderzubekommen".

Übung: Den Kiefer entspannen I (nach Kristin Linklater)

Sitzen oder stehen Sie mit aufgerichteter Wirbelsäule. Achten Sie auf einen langen, nicht überstreckten Nacken. Dehnen Sie diesen behutsam und vorsichtig – zu beiden Seiten, nach hinten, nach vorne –, bis Sie eine leichte Dehnung spüren, und lassen Sie dann Ihre Schultern kreisen – erst ein paar Mal nach vorne, dann nach hinten. Gähnen Sie herzhaft.

Massieren Sie jetzt mit Ihren Daumenballen oder Fingerspitzen in kleinen kreisenden Bewegungen Ihre Kiefermuskulatur auf beiden Seiten, vor Ihren Ohren, zwischen Jochbein und Unterkiefer, und streichen Sie diese dann nach unten aus. Stellen Sie sich vor, Sie hätten Ihre Kiefermuskulatur „wegmassiert": Ihr Unterkiefer sollte nun hängen und mindestens der kleine Finger zwischen Ihre Zähne passen.

Das ist zugegebenermaßen für viele am Anfang gewöhnungsbedürftig.

Den Kiefer entspannen wie ein staunendes Kind

Ein Kind hat den Mund oft ganz entspannt „vor Staunen offen stehen", uns Großen hat man das jedoch erfolgreich abtrainiert – denken Sie nur an Sprüche wie „Mach den Mund zu, es zieht!". Erinnern Sie sich an Ihre Kindheit und entspannen Sie ab und an Ihren Kiefer.

Übung: Den Kiefer entspannen II

Schieben Sie nun den hängenden Unterkiefer mit der Oberseite Ihrer Finger „zu", nach oben also. Dann lassen Sie Ihre Hand fallen: Ihr Kiefer folgt hoffentlich der Schwerkraft (Sie haben ja keine Kiefermuskeln mehr). Passt Ihr Finger noch zwischen die Zähne? Idealerweise ist Ihr Mund nun (leicht) geöffnet, Ihr Unterkiefer hängt mit seinem Eigengewicht schwer nach unten. Wiederholen Sie das ein paar Mal. Vielleicht fällt es Ihnen mit der Zeit leichter?

Vielleicht haben Sie schon von der berühmten Korkenübung gehört? Auch ein Klassiker im Sprechtraining: Man klemmt einen Weinkorken zwischen die Schneidezähne und versucht, trotzdem deutlich zu sprechen. Ich persönlich bin kein großer Fan von der Korkenübung, denn erstens bekommt man auf die Dauer eine gewisse „Maulsperre", weil der Korken ziemlich dick ist, und zweitens hat man nicht immer einen Korken dabei.

Ich schlage folgende Variante vor:

Übung: Kleiner Finger statt Korken

Bringen Sie einen kleinen Finger seitlich zwischen die Backenzähne und sprechen Sie ein paar Zeilen eines beliebigen Textes. Durch den Finger zwischen Ihren Zähnen ist Ihre Zunge und damit Ihre deutliche Aussprache etwas behindert. Sprechen Sie umso klangvoller, „investieren" Sie in Ihren Atem und in Ihren Kommunikationswunsch, verstanden zu werden. Dann nehmen Sie den Finger während des Sprechens heraus, sprechen Sie genauso, mit demselben Ausdruck weiter, verändern Sie nichts.

Der große Vorteil des kleinen Fingers gegenüber dem Korken: Ihren Finger haben Sie immer dabei. Und dem Korken ist es egal, wie „verbissen" Sie sind, Ihrem kleinen Finger tut Ihre Verbissenheit weh.

Übung: Kieferfreiheit = mehr Klang, mehr Deutlichkeit

Haben Sie Ihr Handy griffbereit? Dann nehmen Sie drei Versionen desselben Satzes auf:

1. *Normal.*
2. *Mit kleinem Finger seitlich zwischen den Backenzähnen. Durch dieses Handicap wird die Aussprache deutlicher, der Kommunikationswunsch dringender und der Klang voller.*
3. *Ohne Finger, aber mit derselben „Einstellung".*

Sie werden den Unterschied zwischen der ersten und dritten Version deutlich hören.

Die Zunge

Und wie geht es Ihrer Zunge? „Keine Ahnung", „Blöde Frage"… Egal, was Sie jetzt vielleicht denken: Sie kennen vermutlich trotzdem das Gefühl, dass Ihnen „die Zunge am Gaumen klebt" oder Sie „einen Knoten in der Zunge" haben. Und wenn Sie den berühmten „Kloß im Hals" spüren, ist vermutlich gerade der hintere Teil Ihrer Zunge verspannt.

Wenn wir sprechen, ist unsere Zunge extrem beansprucht. Wir tun gut daran, sie zu entspannen, wann immer das möglich ist, auch beim (!) Sprechen, und sie nur dort gespannt einzusetzen, wo wir sie gerade für die Artikulation brauchen.

Dummerweise ist die Zunge bei uns fast ein „Tabuthema". Kinder sind da noch völlig ungeniert: Sie schneiden Grimassen, strecken die Zunge heraus, schmatzen, schlürfen, schlecken, machen die ungewöhnlichsten Geräusche und finden es schön. Das alles wurde uns aberzogen.

Zu Trainingszwecken sollten Sie aber Ihre gute Erziehung kurz vergessen und „schamlos" im echten Wortsinn sein: ohne Scham, also ungeniert.

Übung: Ein loses Mundwerk

Lassen Sie Ihrer Fantasie freien Lauf:
- *Machen Sie oft hintereinander einen Kussmund und*
- *grinsen Sie dann breit (Breitmaulfrosch und Spitzmaulfrosch).*
- *Blasen Sie die Backen auf.*
- *Ziehen Sie eine beleidigte Schnute.*
- *Reißen Sie den Mund weit auf.*

- *Lassen Sie die Lippen „flattern" (schnauben wie ein Pferd), erst ohne, dann mit Ton.*
- *Lassen Sie die Zunge im Mund wandern und sie die Wangen „ausbeulen".*
- *Lassen Sie die Zunge heraushängen.*
- *Schmatzen Sie.*
- *„Schütteln" Sie Ihr Gesicht aus – am besten mit Ton.*
- *Kauen Sie genüsslich bei geschlossenen Lippen und mit Ton (mmmm ---).*

Nehmen Sie einen Spiegel und prüfen Sie: Wenn Sie den Mund etwas mehr als gewöhnlich öffnen, können Sie Ihren Rachen sehen und kann Ihre Zunge dabei entspannt liegen bleiben? Und wenn Sie jetzt auf haaaaaaa --- tönen: Bleibt Ihre Zunge entspannt?

Vielleicht kommen Sie sich albern vor, zumindest ist es ungewohnt. Aber alles, was Ihre Zunge dehnt, kräftigt und bewusst entspannt, ist gut für Ihren freien Stimmklang und Ihre Artikulation. Vielleicht macht es sogar ein bisschen Spaß?

Der weiche Gaumen

Der dritte Bereich des „Stimmkanals" ist der weiche Gaumen. Wir unterscheiden den harten und den weichen Gaumen. Wenn Sie mit der Zungenspitze hinter den oberen Schneidezähnen nach hinten wandern, spüren Sie genau den Übergang vom harten, knöchernen zum weichen Gaumen, wo Ihr Zäpfchen aufgehängt ist.

Auch das ist eine unwillkürliche Muskulatur, die schwer zu trainieren ist. Und das muss Sie auch nicht weiter belasten, es sei denn, Sie haben einen nasalen Stimmklang. Dann hilft ein gezieltes Training bei einem guten Stimmtrainer.

Das Beste, was Sie für die Muskulatur Ihres weichen Gaumens tun können, ist, immer wieder einmal herzhaft und ungeniert zu gähnen.

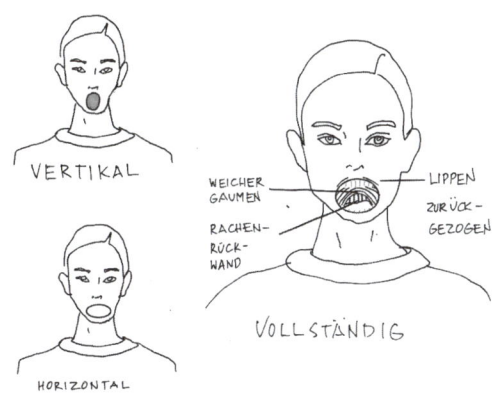

VERTIKAL

HORIZONTAL

WEICHER GAUMEN

RACHEN-RÜCK-WAND

LIPPEN ZURÜCK-GEZOGEN

VOLLSTÄNDIG

Gähnen

Übung: Gähnweite

Gähnen ist eine der einfachsten und effektivsten Übungen, um die Muskulatur des weichen Gaumens zu trainieren und ein Gefühl für die große, weite Öffnung in Ihrem „Schlund" zu bekommen. Viel Platz für viel Klang, das Gegenteil von einem Kloß im Hals. Außerdem ist Gähnen gesund!

Übung: Sprechen mit innerer Raumweite

Gähnen Sie vor dem Spiegel: Sehen Sie, wie sich der weiche Gaumen hebt? Gähnen Sie „ein und aus", und lassen Sie beim „Ausgähnen" einen Klang entstehen: haaaaa ---.

*Achten Sie darauf, dass der Klang **nicht** in die Nase geht, sondern klar aus dem Mund strömt. Wenn Sie nicht sicher sind, gibt es zwei Möglichkeiten, das zu testen:*

1. *Sie halten sich die Nase zu, während Sie haaaaa --- tönen. Der Klang sollte sich nicht verändern.*

2. *Sie halten Ihre Handfläche vor den Mund, während Sie haaaaa --- tönen. Sie sollten dort Ihren warmen Atem spüren.*

Behalten Sie dieses Raumgefühl und sprechen Sie folgenden klangvollen Zungenbrecher:

„Wenn mancher Mann wüsste, wer mancher Mann wär, gäb mancher Mann manchem Mann manchmal mehr Ehr!

Gerade für den sensiblen Bereich des Stimmkanals gibt es herrliche, sehr genau beschreibende Redensarten:

- **Kehle**: „verdruckst", „ein Kloß im Hals", „die Kehle zuschnüren", „keinen Ton heraus kriegen" oder auch: „lauthals", „Gold in der Kehle", „große Töne spucken".

- **Kiefer**: „Der kriegt das Maul nicht auf", „die Zähne zusammenbeißen", „verbissen", oder auch: „das Maul aufmachen", „Da fällt mir die Kinnlade runter", „mit offenem Munde staunen".

- **Zunge**: „auf die Zunge beißen", „einen Knoten in der Zunge haben", oder auch: „ein lockeres Mundwerk", „eine geläufige Zunge", „eine lose Zunge".

- **Weicher Gaumen**: „verschnupft klingen"

Auf den Punkt gebracht

- Eine weite, offene Kehle ist das Gegenteil von „Kloß im Hals"

- Entspannte Kiefergelenke sind das Gegenteil von „verbissen" und ermöglichen einen vollen Klang und eine deutlichere Artikulation.

- Eine entspannte Zunge kann deutlicher artikulieren und ist das Gegenteil von „Knödel".

- Gähnen ist gesund, trainiert den weichen Gaumen und lässt innere Weite zu.

- Ein trainierter, weicher Gaumen verhindert einen nasalen, quäkigen Klang.

Die 6. Säule der Stimme – der stimmliche Ausdruck

Ich möchte Sie ermutigen, sich dem gesprochenen Wort auf offene, neue und unkonventionelle Weise zuzuwenden. Sobald ein Text auswendig gelernt ist, besteht immer die Gefahr, dass er nicht mehr lebendig klingt. Die große Kunst eines Schauspielers – aber auch eines Redners, der die gleiche Rede immer wieder hält, eines Verkäufers, der das gleiche Produkt immer wieder an den Mann bringt, eines Lehrers, der den gleichen Lernstoff immer wieder vermittelt, einer Führungskraft, die die bestehende Firmenphilosophie immer wieder zitiert – besteht darin, den Text in dem Moment, in dem er gesprochen wird, neu entstehen zu lassen, ihn genau diesem Moment (neu) zu „erfinden". Das geht überall, selbst dort, wo es unmöglich erscheint.

Beispiel: Laborstatistiken feuriger präsentieren

Oliver, Professor für Biochemie, kommt zu mir mit dem Wunsch, lebendiger und leidenschaftlicher rüberzukommen, selbst bei seinem trockenen Thema. Er selbst findet seine Vorlesungen langweilig und wünscht sich mehr „Pepp".

*Er hat ein Videomitschnitt mitgebracht und tatsächlich ist seine Präsentation leider ein ausschließliches **ZDF**-Programm: **Z**ahlen, **D**aten, **F**akten – und einschläfernd monoton.*

*Als Erstes suchen wir gemeinsam Geschichten, die erzählen, wie die **Z**ahlen, **D**aten, **F**akten zustande kommen und was sie im Einzelnen bedeuten. Geschichten, die ihn und seine Arbeit greifbar machen und Bilder in den Köpfen der Zuhörer und Zuschauer erzeugen.*

> *Dann lasse ich ihn seine Geschichten immer wieder mit den unterschiedlichsten Haltungen erzählen: mal schwärmerisch, mal traurig, mal belustigt, mal Ehrfurcht gebietend usw. Oliver ist überzeugt, dass die Emotionalität, die ich mir von ihm wünsche, für ihn unmöglich sei – es sei denn, er würde sich das nächste Mal Mut antrinken, um seine Laborstatistiken „feuriger" zu präsentieren.*
>
> *Nach einigen Anläufen und seiner Meinung nach grauenvollen Übertreibungen entwickelt er ganz ohne Alkohol erstens richtig Spaß am Reden und bekommt zweitens von seinen Studierenden eine tolle Bewertung für seine Vorlesung.*

Auf meiner Textmappe, in der immer mein aktuelles Drehbuch liegt, prangt ein großes Logo: „Denken beim Sprechen erlaubt!" Wie nun schon oft erwähnt, geht es in der Kommunikation immer um die Vermittlung von zwei Dingen: Inhalten **und** Emotionen. Ich gehe davon aus, dass Sie Ihre Rede oder Präsentation inhaltlich strukturieren, ihr eine (hoffentlich) spannende Dramaturgie verpassen und sie durch Einleitung, Hauptteil und Schluss gliedern.

Und so sollte auch Ihr stimmlicher und körpersprachlicher Ausdruck dieser Dramaturgie folgen und sie befördern, ja vielleicht sogar erst ermöglichen. Es geht um die Spannung und die Energie zwischen Sender und Empfänger.

> Einen der Klassiker unter den Coaching-Leitsätzen kennen Sie ja schon: „Mehr Eindruck durch Ausdruck." Neulich habe ich folgendes Zitat gehört, das mir in dem Zusammenhang mindestens genauso gut gefällt:
>
> **„It's the singer, not the song!"**

Im Folgenden möchte ich Ihnen einige Tipps und konkrete Übungen an die Hand geben, wie Sie stimmlich Spannung erzeugen und im Text Strukturen schaffen können:

Betonungen

Nutzen Sie Betonungen, um einen Gedanken oder ein Wort hervorzuheben. Nicht alles Gesagte ist gleich wichtig. Seien Sie eindeutig! Es gibt viele Möglichkeiten, ein Wort hervorzuheben, allein schon durch Tonhöhe und Lautstärke. So wechseln Sie zwischen Beiläufigem und Fettgedrucktem.

Beim freien Sprechen denken wir nicht über Betonungen nach. Da wir frei formulieren, also aktuell im Geschehen des Gedankenfindens sind, funktioniert eine sinnvolle Betonung meist von allein.

Beim geschriebenen Wort, wenn Sie also ein Manuskript oder Folien verwenden oder wenn Sie Ihren Text zu gut gelernt haben, ist die Gefahr der Monotonie durch zu gleichmäßiges Betonen eher gegeben.

Übung: Mit Betonungen spielen

Sie kennen das doch sicher noch aus Kindertagen: Immer den gleichen Satz sprechen und jedes Mal ein anderes Wort betonen. Zum Beispiel

Ich will dich heiraten.

***Ich** will dich heiraten!*

*Ich **will** dich heiraten!*

*Ich will **dich** heiraten!*

*Ich will Dich **heiraten**!*

Es ändert sich nicht nur der Sinn, sondern auch Ihre Haltung zum Gesagten, zu Ihrer Aussage. Im Schauspiel nennen wir das den sogenannten „Subtext".

- **Ich will Dich heiraten.**
  Alles gleich betont, also neutral. Das könnte auch ein Nachrichtensprecher vorlesen. Das wird der Gefragte Ihnen nicht abkaufen.

- **Ich** will Dich heiraten!
  Gegensatz: Entweder der Gefragte will nicht, oder es gibt noch Mitbewerber.

- Ich **will** Dich heiraten!
  Dringender Wunsch, glaube mir doch endlich!

- Ich will **Dich** heiraten!
  Niemand anderen und nur dich!

- Ich will Dich **heiraten**!
  Schluss mit der wilden Ehe!

Sie können Worte oder Wortgruppen auf unterschiedliche Weisen betonen und damit hervorheben:

- **Tonhöhe** – höher oder tiefer (die sogenannte melodische Betonung, eher emotional)

- **Lautstärke** – gleiche Tonhöhe, aber lauter (die dynamische Betonung, eher sachlich)

- **Tempo** – Dehnung oder Straffung

- **Pausen**

Aber Vorsicht: Wenn Sie zu viel betonen, klingt es schnell unnatürlich „überbetont" und damit gekünstelt.

Dynamisches Sprechen

Sprechen Sie **dynamisch**, um das Gesagte lebendig klingen zu lassen. Erschaffen Sie sich Ihre eigene „Partitur", indem Sie mit musikalischen Gegensätzen wie Lautstärke (laut **und** leise), Modulation (hoch **und** tief) und Tempo (langsam **und** schnell) spielen. Sprechen Sie melodiös und dynamisch, so verhindern Sie Monotonie und erhöhen die Intensität.

> Aber auch hier gilt: Nicht übertreiben, sonst wird es ein Singsang, der nicht aussagekräftig ist. **!**

Pausen

Ganz wichtig: Machen Sie **Pausen**, um Spannung und Entspannung zu erzeugen. Haben Sie Mut zur Pause! Besser noch: Entwickeln Sie Lust an der Pause! Es gibt die unterschiedlichsten Pausen.

- **Abspannpausen** und **inspiratorische Pausen**
  Während des Sprechens erneuert sich der Atem und Sie können Ihre Gedanken strukturieren und neue Impulse aufnehmen.

- **Spannungspausen**
  Sie erhöhen den Spannungsbogen, indem Sie das Tempo und die Tonhöhe anziehen und vor dem wichtigen Wort eine Pause setzen: „Und was glauben Sie, was dann passierte? … (Pause) … Nichts!"

- **Wirkungspausen**

  Sie betonen die Bedeutung Ihrer Aussage oder fordern zum Handeln auf , indem Sie nach dem Gesagten eine Pause machen und die Botschaft sacken lassen: „Es gibt keinen Weg zurück!" … (Pause) „Lassen Sie uns diesen Weg gemeinsam gehen!" … (Pause)

Ihre Zuhörer werden es Ihnen danken – und Sie sich selbst als Sprechender genauso! Sie vermeiden ein zu hohes Sprechtempo und peinliche „Ähs", die nur akustische Lückenbüßer sind. Sie werden gedanklich klarer und Ihre Zuhörer können Ihnen besser folgen.

Wenn Sie mit einem Skript arbeiten, machen Sie sich verschiedene und verschiedenfarbige Zeichen für

- Betonungen (z. B. unterstreichen oder markieren),
- Tempo (ich arbeite hier mit Pfeilen für schneller und Schlangenlinien für gedehnt),
- Pausen (bei mir sind das unterschiedlich große Haken und Häkchen) und
- Emotionen (Smileys in jeder Art).

Bei den meisten Sprechern ist das eine sehr eigen(willig)e Notierung und es reicht, wenn Sie selbst es verstehen.

Auch wörtliche Hinweise in eigener Sache wie „Zeit lassen", „Atmen", „Pause", „Blickkontakt", „Lächeln" sind hilfreich!

Beispiel: Vortragsredner

Ich arbeite mit vielen Vortragsrednern. Einige von diesen „Speakern" machen das hauptberuflich, haben manchmal nur ein Thema, stehen jeden Tag auf einer anderen Bühne und manche von ihnen verdienen damit eine Menge Geld.

Bevor ich anfing mit dieser Berufsgruppe zu arbeiten, war mir nicht klar, wie ähnlich das Berufsbild des Speakers dem des Schauspielers auf Tournee ist (bis darauf, dass die Gagen von Schauspielern leider fast immer deutlich niedriger sind): viel Reiserei, wenig Privatleben, jeden Tag ein anderer Bühnenraum, jede Nacht ein anderes Hotelbett.

Das erfordert hohe körperliche und mentale Disziplin, gute Vorbereitung, ein immer wieder neues Einlassen auf das Publikum und üben, üben, üben. Dabei achten gute Schauspieler wie Redner sehr auf Dynamik und Timing, d. h. sie spielen bewusst mit gestalterischen Werkzeugen: Tonhöhe, Lautstärke, Tempo und Pausen, Zuwendung, Blickkontakt und Emotionalität. Damit die „Show" jeden Tag frisch, wie in dem Moment neu erfunden, und authentisch rüberkommt.

Es gibt übrigens nach meiner Erfahrung zwei Rednertypen: der erste Typus hat nur ein inhaltliches Gerüst und spricht sonst frei, und beim zweiten kann ich jedes Komma mitsprechen, da es keine Abweichungen im Text gibt. Beides ist gut und richtig, solange der Vortrag lebendig und mitreißend ist. Der Schauspieler allerdings hat keine Wahl: Er muss seinen Text vor- und rückwärts können und ihn trotzdem immer wieder neu mit Leben füllen.

Artikulation

Nutzen Sie die Möglichkeiten der bewussten **Artikulation**, um Inhalte deutlich zu machen, Wichtiges hervorzuheben und dadurch besser verstanden zu werden. Eine gute Artikulation bedeutet für mich eine plastische und sinnliche Sprache, die „Klartext spricht", d. h., Bedeutung (Inhalt – sachliche Ebene) und eigene Haltung (Gefühle – emotionale

Ebene) durchklingen lässt. Sie erinnern sich? Durchklingen =
per sonare, von der Person zur Persönlichkeit.

Zugegeben: Artikulationsübungen sind in erster Linie etwas
für Schauspieler. Aber von einer bewusst wahrgenommenen
Aussprache profitiert nach meiner Erfahrung jeder Spre-
chende.

> „Ein klarer Gedanke gebiert einen klaren Ton". (Kristin
> Linklater)

Das heißt, wenn Sie einen klaren Gedanken entwickeln und
den wirklich senden und verstanden wissen wollen, brau-
chen Sie die Unterstützung durch dynamisches Sprechen
(Betonungen, Tempo, Pausen, s. o.) und klare Artikulation.
Natürlich sollen Sie bitte nicht übertreiben, sonst wirken Sie
schnell unnatürlich oder gar gestelzt. Aber viele verwechseln
Natürlichkeit mit Undeutlichkeit, und Nuscheln ist auch keine
Alternative.

Kleiner Exkurs – Dialekt versus Hochdeutsch

*Manche meiner Kunden kommen gezielt mit dem Wunsch,
ihren Dialekt loszuwerden. Um es gleich zu sagen: Ich als
Hannoveranerin liebe Dialekte (also fast alle …) und be-
dauere es sehr, dass ich selbst keinen wirklich gut beherr-
sche. Deswegen trainiere ich Dialekte nur auf Anfrage weg.
(Eine besonders harte Aufgabe ist Schweizerisch, für alle
Beteiligten …)*

*Ich finde, man darf durchaus hören, woher jemand kommt.
Aber ich bin auch der Meinung, dass es sehr hilfreich für
die Außenwirkung ist, wenn man den „Schalter umlegen"*

> *und ins Hochdeutsche wechseln kann, falls es die Situation erfordert. Getreu nach dem Motto: „Dialekt ist schön, aber verstehen darf man dich trotzdem!"*
>
> *Ein Politiker sollte in seinem Wahlkreis seinen Dialekt und im Bundestag Hochdeutsch sprechen können. Und ein schwäbischer Redner sollte in Hamburg verstanden werden. Die Beurteilung von Personen in der Öffentlichkeit kann da manchmal ziemlich gnadenlos sein und ist selten zum Vorteil des Dialektsprechers.*

Aber zurück zur Artikulation „Articulare" kommt aus dem Lateinischen und heißt „gliedern, formen, deutlich sprechen". Ihre Sprechwerkzeuge (Lippen, Zunge, Kiefer) formen Ihren Klangstrom durch Vokale und Konsonanten zu Worten:

Vokale

In der Schule haben wir die Vokale „Selbstlaute" genannt. Sie klingen von selbst, d. h., sie transportieren unsere **Stimme** und unsere **Stimmung**.

Denken Sie an die kleinen, aber immens ausdrucksstarken Laute beim nonverbalen Äußern wie z. B.:

- Aaaaah!, aha!, aha? (wenn Sie staunen oder etwas verstehen, oder vielleicht doch nicht so sicher sind)

- Ooooh!, Oho! (wenn Sie staunen, etwas verstehen, bedauern oder gar nicht gut finden)

- Huuuu (beim Gruseln)

- Ääääh! oder Iiiih! (wenn etwas gar nicht schön oder sogar eklig ist)

- He? (wenn Sie etwas nicht verstehen)

- Heeee! (wenn Ihnen etwas nicht gefällt)

- Au!

Im Deutschen haben wir die **Vokalreihe**

- a (lang und kurz: sagen–sacken, lahm–Lamm)

- e (lang und kurz: legen–lecken, Heer–Herr)

- i (lang und kurz: bieten–bitten, Liebe–Lippe)

- o (lang und kurz: kosen–kosten, Pose–Possen)

- u (lang und kurz: suchen–zucken, Ruhm–Rum)

Die **Umlaute**

- ä (lang und kurz: näseln–nässen, Städte–Stätte)

- ö (lang und kurz: mögen–möchte, Goethe–Götter)

- ü (lang und kurz: büßen–müssen, Sühne–Sünde)

Und die **Doppellaute (Diphtonge)**

- ai, ei (reiten, feiern, Maid, Neid)

- au (sauer, trauern, Lauer, Mauer)

- äu, eu (äußern, Mäuse, feuern, Scheune)

> **!** Achtung: Bei der Bildung aller Vokale berührt immer der vordere Zungenrand die Innenseite der unteren Schneidezähne. Wenn sich die Zunge in den Mund zurückzieht, wird der Klang dumpf und knödelig.

Ein paar Redewendungen und Sprichwörter gefällig?

- **a** – „Maß halten", „Haare lassen", „Gesagt, getan!", „Wer den Aal nimmt beim Schwanz, hat ihn weder halb noch ganz", „Die Alten zum Rat, die Jungen zur Tat"

- **e/ä** – „Im Wege stehen", „sein Schäfchen scheren", „Woher nehmen und nicht stehlen?" „Dazu brächten ihn keine zehn Pferde!", „Ehre, wem Ehre gebührt", „Geld regiert die Welt"

- **i** – „Auf Schritt und Tritt", „Wie du mir, so ich dir!", „auf Hieb und Stich", „Nie und nimmer", „hin und wieder, „Im siebenten Himmel", „Probieren geht über Studieren"

- **o** – „Sonne und Mond", „Spott und Hohn", „betrogene Hoffnung", „ins Horn stoßen", „Wie gewonnen, so zerronnen", „Keine Rose ohne Dornen!", „Ottos Mops kotzt"

- **u** – „Lug und Trug!", „kurz und gut", „nur Geduld", „unter uns", „genug ist nicht genug", „Junges Blut, spar dein Gut!"

- **ä** – „Ehrlich währt am längsten", „Man hält seine eigenen Schwäne für Gänse"

- **ö** – „Böses Gewerbe bringt bösen Lohn", „Böses muss mit Bösem enden" (Schiller), „Ach, wenn Götter uns betören, können Menschen widerstehn?" (Goethe), „Erröten macht die Hässlichen so schön, und sollte Schöne nicht noch schöner machen?" (Lessing)

- **ü** – „Im Trüben fischen", „In der Kürze liegt die Würze", „In Hülle und Fülle", „Üble Botschaft kommt immer zu früh!"

- **ai, ei** – „Klein, aber fein", „weit und breit", „Schein und Sein", „Geiz ist nicht geil", „Eile mit Weile", „Eifersucht ist eine Leidenschaft, die mit Eifer Leiden schafft"

- **au** – „von Haus zu Haus", „in Saus und Braus", „Trau, schau, wem", „Aus den Augen, aus dem Sinn"

- **äu, eu** – „Träume sind Schäume", „Geld wie Heu", „Geld ist scheu"

Wenn Ihnen solche Wortübungen Spaß machen, erfinden Sie entweder pfiffige Vokalhäufungen („Ottos Mops kotzt" ist ziemlich unübertroffen) oder Sie kaufen sich ein sogenanntes sprecherzieherisches Übungsbuch, da gibt es schöne Beispiele, auf die man selbst nie käme (Literaturhinweis im Anhang).

Konsonanten

Konsonanten sind die Mitlaute oder Mitklinger (lat. consonare = mit-klingen), d. h., sie geben dem Klangstrom der Vokale Struktur. Ohne Konsonanten gäbe es nur einen Klangbrei, andererseits kommen die Konsonanten erst mit den Vokalen zur vollen Geltung. Wir unterscheiden im Groben zwischen stimmhaften und stimmlosen Konsonanten. Etwas weniger grob ist die Aufteilung in

- **Klinger** (j, l, m, n (ng), r, w),

- **Verschlusslaute** (p, t, k, q, x (chs) = stimmlos und b, d, g = stimmhaft) und

- **Reibelaute** (h, ch, sch (sp, st), s (stimmhaft und stimmlos), f (pf), v, z (tz)).

Das sollte Sie nur interessieren, wenn Sie Schwierigkeiten beim Bilden einzelner Konsonanten oder Konsonantenkombinationen haben. Für viele ist es, durchaus auch dialektbedingt, schwierig, z. B. die zwei ch-Möglichkeiten zu bilden (ich–ach, nicht–Nacht) oder überhaupt ch und sch zu unterscheiden. Ebenso fällt es vielen schwer,

• b–p (z. B. Bar–Paar, backen–packen),

• d–t (z. B. Dose–Tosen, danken–tanken),

• g–k (z. B. gönnen–können, Güsse–Küsse) oder

• die genannten Laute in Kombination mit einem weiteren Konsonanten (z. B. Blätter–plätten, brechen–pressen, drängen–tränken, dritte–Tritte, Gnade–Knabe, Glätte–Klette, Griechen–kriechen)

zu unterscheiden.

Die gute Nachricht: Auch das kann man trainieren. Sie sollten das allerdings nicht nur im Selbststudium versuchen. Wenn Sie dazu neigen, Laute oder Lautkombinationen undeutlich auszusprechen und Sie das stört, lassen Sie sich die richtige Bildung der Laute von einem Stimm- und Sprechtrainer zeigen. In diesem Fall brauchen Sie die Korrektur von außen. Das ist je nach Ausgangslage anfangs etwas mühsam, aber es macht mit zunehmender Übung und Sicherheit auch noch Spaß!

Und auch hier gilt: Es geht nicht darum, etwas „gut" zu machen oder perfekt zu sprechen. Stimm- und Sprechtraining dient in erster Linie dazu, natürliche Abläufe wieder bewusst zu machen, eventuelle Verspannungen zu lösen und nicht so günstige Angewohnheiten zu ändern. Ein guter Stimmtrainer sollte

- Sie befähigen, sich selbstbewusst wahrzunehmen,

- Sie ermutigen, aus sich herauszugehen und ungewohnte Dinge auszuprobieren und

- Sie so unterstützen, dass Ihre ganze Persönlichkeit sich frei entfalten und zeigen kann.

Übung für die Deutlichkeit

Wiederholen Sie die Übungen zur Lockerung des Kiefers, der Zunge und zur Wahrnehmung der Gähnweite.

Es gibt unzählige Artikulationsübungen, und alle dienen

- *der Geläufigkeit beim Sprechen,*
- *dem Positionieren von Vokalen und Konsonanten und*
- *dem Aufwärmen der Artikulationsmuskulatur.*

Mit anderen Worten: der Deutlichkeit!

Hier ein paar Beispiele:

- *Ma ma ma ma ma*
- *Me me me me me*
- *Mi mi mi mi mi*
- *Mo mo mo mo mo*
- *Mu mu mu mu mu*
- *Ma me mi mo mu – Ma me mi mo mu usw.*

Jetzt das Ganze etwas variiert:

- *Na na na na na*
- *Ne ne ne ne ne*
- *Ni ni ni ni ni*
- *No no no no no*
- *Nu nu nu nu nu*
- *Na ne ni no nu – Na ne ni no nu usw.*

Und jetzt eine Steigerung:
- *Mana mana mana mana mana*
- *Nama Nama Nama Nama Nama*
- *Mene mene mene mene mene*
- *Neme neme neme neme neme*
- *Mini mini mini mini mini*
- *Nimi nimi nimi nimi nimi*
- *Mono mono mono mono mono*
- *Nomo nomo nomo nomo nomo*
- *Munu munu munu munu munu*
- *Numu numu numu numu numu*

Am Ende können Sie kombinieren:
- *Mananama meneneme mininimi mononomo mununumu*

Wenn es gut läuft, steigern Sie langsam das Tempo.

Oder auch ein weiterer Klassiker:
- *Bla bla bla bla bla*
- *Ble ble ble ble ble*
- *Bli bli bli bli bli*
- *Blo blo blo blo blo*
- *Blu blu blu blu blu*
- *Bla ble bli blo blu – Bla ble bli blo blu usw.*

Sie sehen, da gibt es eine große Bandbreite von durchaus auch kniffligen Übungen. Wenn Ihnen das Spaß macht, sollten Sie sich ein Trainingsbuch anschaffen (siehe Literaturhinweise).

Darin finden Sie dann auch **Zungenbrecher**, zu Recht für das Geläufigkeitstraining immer wieder gern genommen und auch da gibt es Klassiker und neue Kreationen:

Beispiele für Zungenbrecher

Blaukraut bleibt Blaukraut und Brautkleid bleibt Brautkleid.

Da wir nicht in Baden-Baden baden, darf ich euch in Baden-Baden in einen Schokoladenladen laden.

Frische Kirschen knirschen nicht. Knirschen frische Kirschen nicht?

Frische Fische fischt Fischers Fritze. Fischers Fritze fischt frische Fische.

Fischfrevler Franz fing frech vorm Flussfall fette Fünffingerfische.

Papperlapapp: Papp-Plakat, Papp-Plakat, Papp-Plakat!

Der Potsdamer Postkutscher putzt den Potsdamer Postkutschkasten.

Der Cottbusser Postkutscher putzt den Cottbusser Postkutschkasten.

Der Whiskymixer mixt den Whisky im Whiskymixer. Im Whiskymixer mixt der Whiskymixer den Whisky.

Zwischen zwei Zwetschgenzweigen zwitscherten zweiundzwanzig Zeisige. Zweiundzwanzig Zeisige zwitscherten zwischen zwei Zwetschgenzweigen.

Wachsmaske und Messwechsel. Messwechsel und Wachsmaske.

Wenn Max Wachsmasken mag, macht Max Wachsmasken nach.

Gips gibts in der Gipsfabrik. Gibts keinen Gips in der Gipsfabrik, gibts keinen Gips.

Vielleicht haben Sie auch Lust, mal wieder ein schönes Gedicht zu rezitieren oder den Anfang Ihres Lieblingsromans laut vorzulesen? Das führt uns zum letzten wichtigen Gestaltungswerkzeug:

Emotionales Sprechen

Erlauben Sie sich **emotionale (Klang-)Farben**, um einen Text lebendig werden zu lassen. Haben Sie keine Angst vor Emotionen oder vor Übertreibungen. Nach meiner Erfahrung werden Emotionen belohnt! Emotionen bewegen Menschen.

Übung: Stimmliches Rollenspiel

- *Nehmen Sie sich einen beliebigen Text und erforschen Sie die unterschiedlichsten emotionalen Haltungen und „Farben" für einzelne Wörter, Satzteile, Sätze oder kürzere Textpassagen, indem Sie den Text laut vorlesen:*
  - *Welche der Grundemotionen (Glück, Trauer, Freude, Ärger oder Angst) passen zu Ihrem Text? Probieren Sie auch das krasse, scheinbar unmögliche Gegenteil aus.*
  - *Welche fallen Ihnen leicht, wo tun Sie sich schwer?*

  Und: Nehmen Sie sich auf und hören Sie, wie sich die unterschiedlichen emotionalen Haltungen akustisch bemerkbar machen!

- *Schlüpfen Sie in verschiedene Rollen: Probieren Sie aus, was passiert, wenn Sie Ihren Text sprechen wie*
  - *der Fernsehpfarrer beim „Wort zum Sonntag",*
  - *die Wahrsagerin auf dem Jahrmarkt beim Blick in ihre Kugel,*

- *der Politiker bei seiner alles entscheidenden Wahlkampfrede,*
- *der General beim Appell vor seiner Truppe,*
- *die Bardame beim Flirt über den Tresen,*
- *der Nikolaus beim Verteilen der Geschenke*

… Ihrer Fantasie sind keine Grenzen gesetzt, seien Sie mutig! Und auch hier der dringende Rat: Nehmen Sie sich auf Band auf.

Abgesehen vom Spaßfaktor erfahren Sie so ganz nebenbei, was Ihre Stimme alles kann. Vermutlich hat sich auch Ihre Körpersprache automatisch mit den verschiedenen Typen verändert. Wenn Sie dann zur „Normalität" zurückkehren, profitieren Sie stimmlich und körpersprachlich von der Erfahrung und trauen sich vermutlich in jeder Beziehung viel mehr (zu).

Ihre Stimme und Körpersprache wird jetzt Ihre gesamte Persönlichkeit noch mehr widerspiegeln. Sie wirken nun authentisch und glaubwürdig und haben ein individuelles und gewinnendes Auftreten.

Das ist unter anderem auch das Geheimnis von charismatischen Personen, mit denen wir gerne zu tun haben, weil wir sie schätzen, ihnen vertrauen und Großes zutrauen. Charisma ist dabei niemals Abklatsch, sondern immer der Mut, sich auf das Eigene zu fokussieren.

Auf den Punkt gebracht

- Sie sprechen lebendig, gut verständlich und persönlich.
- Sie sind sich Ihrer Mittel bewusst.
- Sie überzeugen.

Die 7. Säule der Stimme – Bewusstsein für das Ganze

Die letzte Stimmsäule, die ich Ihnen abschließend vorstellen möchte, umschreibe ich gern mit den Worten „Anklang durch Einklang".

> *Beispiel: Ein Wort, das für mich und meine Arbeit steht*
>
> *In einem Beitrag für das **„manager magazin"** wurde ich gefragt, welches das **eine** Wort ist, wenn man mich und meine Arbeit auf einen Begriff reduzieren wollte. Ich habe mich für „Einklang" entschieden.*
>
> *Wenn ich mit mir im Einklang bin, spüre ich zum einen ganz deutlich meine Eigenschwingung beim Tönen (Sprechen und Singen) in meinem Körper. Meine Knochen vibrieren vom Schädel bis zu den Füßen, mein ganzes Instrument schwingt. Das ist ein wohliges und sinnliches Eigenerleben. Meine Stimme hat mehr Volumen und mehr Klangfarben und kann meine Inhalte und Stimmungen frei transportieren.*
>
> *Zum anderen bedeutet „Einklang" die Übereinstimmung von innerer und äußerer Haltung. Meine Zuwendung zum Gegenüber ist unmittelbar, im Moment und mein Einklang erzeugt in mir **und** beim Empfänger Resonanz. Dann kann ich Anklang finden.*

Ich möchte einmal noch den Blick weiten und die Begriffe **Ethik, Bewusstheit, Achtsamkeit** und **universelles Bewusstsein** aus dem Blickwinkel meines Themas „Kommunikation – Stimme" aufgreifen.

Vielleicht klingt der Begriff „Ethik" für Sie zu sehr nach Moral und „universelles Bewusstsein" zu esoterisch? Spiritualität gehört für Sie eher in die Kirche und das Wort „Achtsamkeit" wird aus Ihrer Sicht inzwischen einfach zu inflationär verwendet?

Mit den genannten Begriffen möchte ich den ganzheitlichen Aspekt der Beschäftigung mit der eigenen Stimme (und Körpersprache) betonen und verdeutlichen, dass immer die ganze Persönlichkeit profitiert, wenn man sich mit der eigenen Stimme auseinandersetzt.

Ethik

Ethik bedeutet für mich, ein Bewusstsein für allgemein gültige Werte des menschlichen Zusammenlebens zu entwickeln. Auf Kommunikation bezogen heißt das:

- Ich bin mir bewusst, dass ich kommuniziere.
- Ich bin verantwortlich für das, was (und wie!) ich es kommuniziere.
- Ich bin mir der Macht der Worte und der Stimme bewusst.
- Ich kann und möchte überzeugen, gerne begeistern, keinesfalls langweilen und erst recht nicht manipulieren.

Bewusstheit

> „Das Wort gehört zur Hälfte dem, welcher spricht,
> und zur Hälfte dem, der zuhört."
> Michel de Montaigne

Ich bin mir meiner selbst bewusst und ich habe meinen Standpunkt. Ich stehe mit beiden Beinen in der Welt, ich bin verankert mit Körper und Geist. Ich denke klar und äußere mich klar.

Auf der anderen Seite bin ich offen und hellhörig, d. h. ich folge meiner Intuition, meinem Bauchgefühl und meinem Verstand. Die Fähigkeit der Hellhörigkeit bedeutet, dass ich Wort/Inhalt und Stimmung/Emotion erfasse. Ich respektiere mein Gegenüber und höre zu.

Achtsamkeit

Ich achte auf mich, meinen Körper, meinen Atem und meine Stimme. Ich behandle sie nicht als angeborene und selbstverständliche Tatsachen, die gefälligst zu funktionieren haben, sondern ich schenke ihnen Aufmerksamkeit, freue mich über ihre unglaublichen Möglichkeiten und nutze sie! Und da sie mir wichtig sind, pflege ich sie, gehe gut mit ihnen um und entwickle mich mit ihnen.

Universelles Bewusstsein

„Am Anfang war das Wort" – so beschreibt die Bibel den Beginn allen Seins, also war der Anfang hörbar.

Und auch bei unserem „Anfang", dem menschlichen Entstehen, begleitet die Akustik den Beginn: Der erste Sinn, den der kleine Mensch im Mutterleib entwickelt, ist der Gehörsinn. Und am Ende des Lebens? Das Wort „auf-hören" hat mich schon immer interessiert. Ist Ihnen schon einmal aufgefallen, dass „aufhören" das Hören beinhaltet? Wenn unser Leben irgendwann zu Ende geht, verschwindet wohl auch als letzter Sinn das Hören – wir hören auf.

Lorenz Oken sagte dazu einmal: „Das Auge bringt den Menschen in die Welt. Das Ohr bringt die Welt in den Menschen."

Nada Brahma – die Welt ist Klang

Auf der ganzen Welt werden Mantren gesungen, im Buddhismus „Om" oder „Aum", bei uns im christlichen Umfeld ist es das „Amen". Töne, Silben und Klänge sind Universalsprache. Auch die Bildung der menschlichen Laute ist universell und folgt den gleichen Gesetzmäßigkeiten, egal welche Sprache dann später daraus gebildet wird.

Schon die Sprache der Babys ist eine Universalsprache. Man hat herausgefunden, dass alle Babys auf der Welt ihren ersten „Urschrei" auf der Höhe des Kammertons „a" loslassen, auf ungefähr 440 Hertz, d. h. die Stimmlippen des Babys schwingen ca. 440-mal pro Sekunde (das ist übrigens auch der Ton, nach dem ein Orchester sich einstimmt). Die ersten menschlichen Laute sind bei jedem Baby gleich, und ob die Sprache des Babys dann finnisch oder chinesisch wird, hängt nur davon ab, was es im Laufe des Heranwachsens hört und nachmacht.

Atem ist Stimme, und Stimme ist Klang. **!**

Beispiel: Stimmtraining überhaupt noch nötig?

Ich habe eine ganz wunderbare und sehr bekannte Kollegin, die regelmäßig zum Stimmtraining kommt. Zunächst war ich fast aufgeregt, weil sie eigentlich doch alles in unserem Bereich so gut kann. Was soll ich ihr beibringen? Sie sagt aber: „Allein das Bewusstmachen von Atem und Klang, das Anerkennen der eigenen Möglichkeiten, aber auch die Freude, immer wieder Neues auszuprobieren, ist ein Geschenk. Besser als eine Massage oder neue Schuhe." Wer wollte da widersprechen?

Auf den Punkt gebracht

- Sie können Stimme und Persönlichkeit nicht trennen.
- Die Beschäftigung mit und die Arbeit an Ihrer Stimme bedeutet immer auch eine Entwicklung Ihrer Persönlichkeit.
- Wenn Sie Ihren persönlichen Klang (wieder)finden, sind Sie im Einklang mit sich selbst und finden Anklang. Sie profitieren davon in jedem Fall – für sich selbst und für Ihr Gegenüber, als ganze Persönlichkeit.

Stimmpraxis

Ich bin immer wieder erstaunt, wie wenig Bewusstsein für die eigene Stimme bei den meisten Menschen verankert ist, selbst bei denen, die auf sie angewiesen sind. Fast alle von uns müssen viel reden, sei es am Telefon, in Meetings, Konferenzen, in Verkaufs-, Mitarbeiter- oder Kundengesprächen, auf der Bühne oder bei Präsentationen. Und viele kümmern sich erst dann um ihre Stimme, wenn sie nicht mehr funktioniert.

Beispiel: Stimme ist nicht selbstverständlich

Neulich erreicht mich der Notruf eines Klienten, völlig verzweifelt, überlastet und unüberhörbar heiser. Er ist ein professioneller Redner, der wunderbar redet und viel Geld damit verdient – und der ohne sein Instrument Stimme völlig aufgeschmissen ist.

Er hat einen Redemarathon hinter und noch vor sich: ein, manchmal zwei Vorträge am Tag, mindestens fünf Tage die Woche und jeden Tag woanders. Es stellt sich heraus, dass er fast alles außer Acht gelassen hatte, was einem der gesunde Menschenverstand und der Stimmtrainer, in dem Fall ich, sagt. Er hat den entscheidenden Fehler gemacht, seine Stimme als selbstverständlich anzusehen.

In seinem Fall bedeutet das, dass er für sich keine Regenerationszeiten einplant, zu wenig schläft, zu wenig trinkt und vor allem einfach auf die Bühne geht, ohne sich stimmlich (!) vorzubereiten. Selbst ein kurzes stimmliches Warm-up, das jeder Vielsprecher vor seinem Auftritt machen sollte, fällt dem täglichen Stress von Vortrag und Reisen zum Opfer.

> *Die Folge: Seine Stimme ist so gut wie weg. Weder der HNO-Arzt noch ich können akut helfen. Jetzt sind ein paar Tage komplette Stimmruhe unumgänglich.*
>
> *Und für die Zukunft gilt hoffentlich: stimmliches Aufwärmen als festen Bestandteil des Tagesablaufs einplanen.*

Kein Fußballspieler dieser Welt geht auf den Platz und bolzt einfach los, kein Pianist klappt als Vorbereitung für das Konzert nur den Flügeldeckel auf. Jeder Tänzer wärmt sich auf, jeder Sänger singt sich ein. Nur beim Sprechen soll es einfach so funktionieren?!

So, wie Sie sich morgens vermutlich rekeln, gähnen und strecken, können Sie sich angewöhnen, auch Ihre Stimme aufzuwecken. So wie alle Muskeln, die länger nicht bewegt werden, verkürzen sich auch die an der Stimmgebung beteiligten Muskeln über Nacht und sondern Schlacken ab.

Also dehnen und gähnen Sie sich am besten gleich mit Stimme, aktivieren Sie Ihren Körper und Ihre Stimme, summen Sie unter der Dusche, machen Sie ein paar Übungen auf dem Weg zur Arbeit im Auto und singen Sie gerne lauthals Ihren Lieblingssong mit. Auch wenn es nur ein paar Minuten am Morgen sind: Alles ist besser als nichts! Und es sollte für Sie so selbstverständlich wie Zähneputzen werden. Sie müssen deswegen noch nicht einmal früher aufstehen.

Hier eine Reihe von Übungen für die verschiedensten Stimm-Situationen:

Aufwärmübungen für die Stimme

Übung: Den Körper lockern

Lockern und aktivieren Sie Ihren Körper nach eigenem Belieben, z.B. durch Dehnen, Massage, einfache Gymnastik, Laufen/Hüpfen auf der Stelle, Tanzen, Yoga.

Übung: Gähnen

Gähnen Sie ausgiebig und genussvoll – mit Körper- und Stimmeinsatz.

Übung: Ausschütteln

Schütteln Sie Ihren Körper und Ihre Stimme aus.

Übung: Mit dem Atem spielen

Nehmen Sie hüftbreit stehend Ihre Körperaufrichtung und Ihren natürlichen Atemrhythmus wahr, spielen Sie mit unterschiedlich großen Atemimpulsen.

Übung: Reflektorische Atemergänzung

Lassen Sie Ihren Atem hörbar auf fffffffff --- ausströmen. Achten Sie darauf, dass der Einatem durch Lösen von Bauchdecke und Unterkiefer möglichst unhörbar (durch den Mund) einfällt.

Übung: Summen I

Summen Sie auf verschiedenen Tonhöhen genussvoll und wohltönend, denken Sie dabei an inneres Gähnen.

Übung: Summen II

Summen Sie auf mmmmm --- locker gleitend durch Ihr Stimmhaus: vom Keller (tiefster Ton) ins Dach (höchster Ton) und zurück.

Übung: Summen III

Lassen Sie beim Summen immer wieder die Lippen auf und zu federn: mmmammmmammmamm ---.

Übung: Die Artikulationsorgane lockern und aktivieren

- *Kussmund und breites Grinsen im Wechsel*
- *Lippen flattern brrrrrrr ---*
- *Zunge dehnen, entspannen und lockern*
- *Kiefer massieren*
- *summen und dabei genüssliche Kaubewegungen machen*
- *Gesicht ausschütteln, ebenfalls mit lockerer, voller Stimme*
- *stimmhaftes wwwwwww ---*
- *stimmhaftes sssssssssssss ---*

Übung: Artikulationsaktivierung

badabadabadabadaba (auf den Vokalen a, e, i, o, u), mana mana mana mana mana (auch auf allen Vokalen)

Übung: Sprechen üben

- *Sprechen Sie mit dem Bewusstsein für Ihre körperliche Präsenz und Ihre Resonanz ein paar Zeilen Ihrer Rede, Ihres Textes, Ihres Lieblingsgedichts ...*

- *Wiederholen Sie dasselbe noch einmal – körperlich und gedanklich bewusst an Ihr Publikum gerichtet.*

Entspannungsübungen nach anstrengenden Sprechsituationen

Übung: Verspannungen lösen

Lockern und massieren Sie die Körperteile, die sich verspannt anfühlen (z. B. Nacken und Schultern).

Übung: Gähnen

Gähnen Sie ausgiebig und genussvoll, mit Körper- und Stimmeinsatz.

Übung: Summen I

Summen Sie auf verschiedenen Tonhöhen, genussvoll und wohltönend, denken Sie dabei an inneres Gähnen.

Übung: Summen II

Lassen Sie beim Summen immer wieder locker die Lippen auf und zu federn: „mmmammmammmammm ..."

Übung: Entspannung

Entspannen Sie sich, am besten liegend, nehmen sie bewusst Ihren tiefen, ruhigen Atem wahr.

Übungen zur Stimmentfaltung

Übung: Tönen

Tönen Sie durch Ihren gesamten Stimmumfang (von der Tiefe in die Höhe und zurück) jeweils mit stimmhaftem wwwww –-, mmmmm –- oder brrrrrrr –- (Lippenflattern).

Übung: Mit Gesten sprechen

Sprechen Sie Ihren Text mit großen, illustrativen Körperbewegungen und Gesten.

Übung: Mit unterschiedlichen Haltungen sprechen

* *Sprechen Sie den Text mit unterschiedlichen Haltungen (z. B. als Witz, als Trauerrede, als Sportreportage, wie ein albernes Kind, wie ein extrem strenger Lehrer ...)*
* *Sprechen Sie den Text dann wieder „normal", was hat sich eventuell verändert?*

Übung: Übertreiben

* *Üben Sie, einen poetischen Text (Gedicht, Geschichte, dramatischer Monolog) so ausdrucksvoll und lebendig wie möglich zu sprechen.*
* *Übertreiben Sie, nur Mut, und haben Sie Spaß dabei!*

Stimmtipps für den Alltag

Warm-up und Cool-down

- Planen Sie vor stimmlichen Auftritten unbedingt ein, Ihre Stimme aufzuwärmen (Tipps zum Warm-up siehe oben).
- Denken Sie aber genauso an ein Cool-down nach dem Auftritt:
  - Lockerungs-/Entspannungsübungen
  - in der Größenordnung von 10 % der Redezeit möglichst bald danach schweigen

Nicht räuspern!

Statt Räuspern: Schlucken, Summen, Gähnen – das ist viel besser für Ihre Stimme.

Flüssigkeit ist wichtig

- Trinken Sie viel (Wasser oder Kräutertee).
- Vor dem Auftritt aber sind Kaffee, schwarzer Tee, Milch, scharfe Gewürze, Alkohol oder Nikotin tabu!

Die Grundausstattung

Das sollten Sie immer dabeihaben: Schal, Lutschtabletten, Wasser

> **!** *Vorsicht, Zug!*
>
> Wenn möglich: Meiden Sie Zugluft und Klimaanlagen.

> **!** *Entlasten Sie Ihre Stimme*
>
> Nutzen Sie ein Mikrofon: bei großen Räumen und spätestens ab 100 Zuhörern.

> **!** *Bei kranker Stimme: Stimmruhe*
>
> Sprechen Sie nicht bei starker Heiserkeit oder gar Kehlkopfentzündung! Wenn Sie diese Symptome haben, ist Ihre Stimme krank und dann ist Ruhe angesagt.

> **!** *Gute Stimmung – gute Stimme*
>
> Sorgen Sie für die eigene gute Stimmung: Alles, was Ihnen guttut, tut auch Ihrer Stimme gut!

Stimmliches Aufwärmen ist wohltuend und meiner Meinung nach unverzichtbar, ersetzt aber natürlich nicht ein fundiertes Stimmtraining. Und selbst das macht nicht automatisch einen besseren Redner aus Ihnen, sondern es hilft Ihnen nur bei Ihrem täglichen Tun. Wie bei allen Dingen, die wir neu oder wieder erlernen, seien es Sprachen, Musik, Sport oder Wissenschaft, gilt: Ganz ohne Üben geht es nicht. Aber: Es dauert längst nicht so lange wie Klavierspielen zu lernen und im Gegensatz zum Klavier haben Sie Ihr Instrument Stimme immer dabei. Sie können es immer und überall trainieren. Denn:

Mein Credo

Stimmtraining ist möglich, es lohnt sich und es macht Spaß!

Weiterführende Literatur

Aderholdt, Egon: Sprecherzieherisches Übungsbuch, Leipzig: Henschel, 2009

Amon, Ingrid: Die Macht der Stimme. München: Redline Verlag, 2011

Bernhard, Barbara Maria: Sprechtraining. Wien: öbvhpt 2002

Eckert, Hartwig: Sprechen Sie noch oder werden Sie schon verstanden? München: Ernst Reinhardt Verlag, 2010

Hein, Monika: Sprechen wie der Profi. Frankfurt/New York: Campus, 2014

Hey, Julius: Der kleine Hey – Die Kunst des Sprechens. Mainz: Schott, 2003

Lauten, Anno: Stimmtraining live. München: Haufe, 2006

Linklater, Kristin: Die persönliche Stimme entwickeln. 4. Aufl. München: Ernst Reinhardt Verlag, 2014

Linklater, Kristin: Freeing the Natural Voice. 2. Aufl. London: Nick Hern Books, 2006

Rossié, Michael: Sprechertraining. 7. Aufl. Berlin/Heidelberg: Springer VS

Die Autorin

 Nicola Tiggeler ist ausgebildete Schauspielerin, Opernsängerin, Sprecherin und Stimmtrainerin. Seit mehr als 25 Jahren steht sie auf der Bühne, vor der Kamera und hinter dem Mikrofon. Neben dem Engagement an vielen Bühnen kann man sie immer wieder in verschiedenen Theater- und Fernsehproduktionen erleben. Allein ihre Rolle als „die böse Barbara" in Europas erfolgreichster Telenovela „Sturm der Liebe" hat in über 20 Ländern inzwischen Kultstatus.

Genauso leidenschaftlich arbeitet Nicola Tiggeler als zertifizierte Stimmtrainerin und nutzt ihre Kompetenz, um Menschen aus den unterschiedlichsten Berufen (z. B. Führungskräfte, Speaker, Politiker, Moderatoren) zu coachen und mit ihnen die eigene Stimme und Körpersprache zu entwickeln.

Sie ist die Expertin für Stimme im deutschsprachigen Raum (stimmeundsprechen-muenchen.de).

Nicola Tiggeler ist Botschafterin der José Carreras Leukämie-Stiftung und des SOS-Kinderdorf e. V.